復興の防災計画

巨大災害に向けて

京都大学防災研究所
牧　紀男
Maki Norio

鹿島出版会

復興の防災計画

——巨大災害に向けて

牧　紀男

●はじめに

「災害」をテーマとして課題に取り組んで、間もなく二〇年が経過する。当初は災害後の建築の仮設性に惹かれ、災害に関わる研究を始めた。今から考えると、海外で起こった災害後のすまい、雲仙普賢岳・奥尻島などでの仮設住宅の調査をしていた頃、災害についての関心は薄く、「他人事」ように考えていた。一九九五年一月一七日の午前五時四六分、阪神・淡路大震災が実際に起こり、大きな転機となった。災害後のすまいだけを研究することの無力さ、その一方で被害を出さないための対策の重要性を実感させた。災害とは何か、ということを理解し、災害に「我がこと」として向き合うことの大切さを教えてくれたのは、まさに阪神・淡路大震災であった。

一九九八年から、兵庫県にある「地震防災フロンティア研究センター」で研究をする機会を得て、抵抗力を高める（被害抑止）、さらに回復力を高める（被害軽減）という二つの対策から構成される「防災」の学問体系を知り、私自身、非常に感銘を受けた。前著『災害の住宅誌―人々の移動とすまい』が、阪神・淡路大震災以前からの関心に基づく導入本であるとすれば、本書は、阪神・淡路大震災以降において、新たに関心をもつようになった防災、防災復興に関する研究成果をとりまとめたものである。

阪神・淡路大震災の復興過程の中に身を置くことで、生き残った人が生活を再建していく過程、そこでの復興の困難さを理解し体験した。しかし、災害から五年一〇年と経過するにつれ、一般の人々の災害に対する関心は薄れていき、復興の大変さ・重要性については、あまり知られていないように思える。そして阪神・淡路大震災から一六年経って、二〇一一年三月十一日の午後二時四六分、東日本大震災が起きた。阪神・淡路大震災で経験ずみの復興が、これからの東北地域の「復興」においても新たな課題として取り上げられる。

本来、「防災」という概念は、復旧・復興も含む概念であるが、あえて『復興の防災計画』というタイトルとした企図は、復興の重要性について、改めて理解していただきたいと思ったからでもある。さらに本書が、二一世紀前半には起こると想定される「巨大地震」から、日本が生き残るための一助となればと、心より願う次第からである。

著者しるす

復興の防災計画―巨大災害に向けて【目次】

第二章 防災とは、復興とは 51

第五章 巨大災害をどのように見据えるか

序章

東日本大震災から二年が経過し、被災地では復興への取り組みが続いている。東日本大震災の復興課題の中には、以前の災害からの復興でも問題となっていたもの、さらには災害発生前に対策をしていなければ回避できない課題も数多く存在する。また、マスメディアは復興が遅れていることを常に指摘するが、大災害の場合、復興が完了するまでには最低でも一〇年という時間が必要になる。まずは、復興には時間がかかるのだということを理解する必要がある。

災害からの復興は、人生の中で何度も経験することではない。復興のプロセスの中で、人々はさまざまな経験をし、復興に関わる問題を解決していくプロセスで、さらにさまざまな教訓を得る。しかし、復興への取り組みは、被災地の人々にとっては初めての経験であっても、過去には幾つもの災害復興の経験が存在する。東北の被災地で復興の話をすると、阪神・淡路大震災とは違うんだ、過去の災害とは違うんだということを、しばしば耳にする。自分が経験している大変な苦労、一生懸命努力してようやく得られた解決索を、前と同じ、と言われることに、違和感を覚えるのかもしれない。災害復興は、いつも"Re-inventing the wheel"だ、と言う人もいる。以前の災害復興の経験が、その後の復興に活かされてはいない。

災害直後、被災地の状況は繰り返し伝えられ、防災対策の中でも、人の命を守る・建物が壊れないようにする、ということには人々は関心をもつ。しかし、被災地に関する報道は徐々に少なくなり、被災地の状況が報道されるのは毎年、その災害が発生した日の前後だけになる。そのため被災地で日々続けられている生活を再建する、地域を再建するということの大変さについて、被災地以外の人々は詳しく知ることはない。そのため、本来は防災対策の一部である復興ということについては関心が低く、人々は災害にみまわれて初めてその大変さを知ることになる。この本のタイトルを「復興の防災計画」としたのは、防災対策というとすぐに思い浮かぶ、建物を壊れないようにする、避難用の持ち出し袋をつくる、といったことだけでなく、防災対策には復興に備えることも含まれること、さらには、復興のプロセスについて知り、備えておくことの重要性についてぜひ、知ってもらいたいと考えたからである。

本書では、まず東日本大震災からの復興の現状について知ることからはじめる。

第一章では、最初に筆者なりの整理に基づき、東日本大震災の復興を行う上で何が問題となっているのか、ということについて考える。東日本大震災の復興は遅れていると言われるが、本当にそうなのであろうか。復興のスピードということが一つ、ここで議論したい問題である。また、三陸地方は過去に何度も津波災害に見舞われており、その教訓が上手く活かされている事例も存在する。昭和三陸津波でも今回の災害と同じように高台移転が行われた。その高台移転地は、今回の災害でどうだったのか、ということから議論をはじめていく。

第二章は理論編であり、「復興とは何か」「防災とは何か」ということについて考える。

復興が遅いという場合には、どういう状態を復興と呼ぶのか、ということを定義する必要があるが、実は復興についての状態定義は存在しない。また、災害が発生すると自治体は復興計画を策定するが、復興計画には法的根拠がない。実際に大きな被害を受けても復興計画をつくらずに復興を成し遂げた自治体も数多く存在する。復興計画にはどんな意味があるのか、また、防災計画における復興の位置づけについて考える。

第三章は歴史編である。現在の日本の防災体制を規定する「災害対策基本法」の制定時の議論、さらには米国と日本の防災対策の違いから、日本の防災体制の特徴・課題を明らかにする。防災計画と復興計画は本来一体となるものであるが、日本では別個のものとして取り扱われおり、復興計画の変遷についても知る必要がある。復興計画の内容は、社会状況の変化とともに、都市再建、経済開発、そして阪神・淡路大震災以降は、生活再建が復興における最大の課題となっている。しかし、東北の復興を見ると、生活再建＝復興から、次の段階への移行が求められるような気もするが、その点については第五章で議論する。

第四章は実践編であり、どうやって復興計画・防災計画をつくればよいのかについて説明する。計画とは、みんなの思いを集めて、実行可能な形式に整理することであり、これは防災の計画でも復興の計画でも同じである。実際に筆者が関わった京都府の防災計画、二〇〇四年新潟県中越地震で大きな被害を受けた、小千谷市の復興計画の策定事例について説明する。計画はあくまでも計画であり、計画を実行に移し、さらに計画に書かれたビジョンが実現されることが重要である。ポイントは計画に書かれたビジョンが実現される、ということにある。どれだけがんばって事業を実施しても、思ったような社会にならなければ意味がない。ビジョンが実現されていることを、どのように評価を行えばよいのかについて、小千谷市での復興評価の実践から説明する。

第五章は将来編である。復興ではいつも前と同じ失敗を繰り返すと書いた。南海トラフの巨大地震、首都直下地震のような巨大災害の発生リスクの高まり、日本の人口減少・少子高齢化社会といった状況をふまえると、災害の度ごとに一から復興について学んでいては、地域社会、さらには日本の生き残りが危ぶまれる。この章では災害が起こる前から防災対策の一部として復興についても考えるという、事前から復興について準備・計画しておくことの重要性、さらに方法などについて述べることにする。

本書が復興も含めた総合的な防災対策を実践するための手引きとなればと考える。また大学・自治体・研修会などにおいて、防災学や復興を学ぶテキストとしても利用していただければと考える。

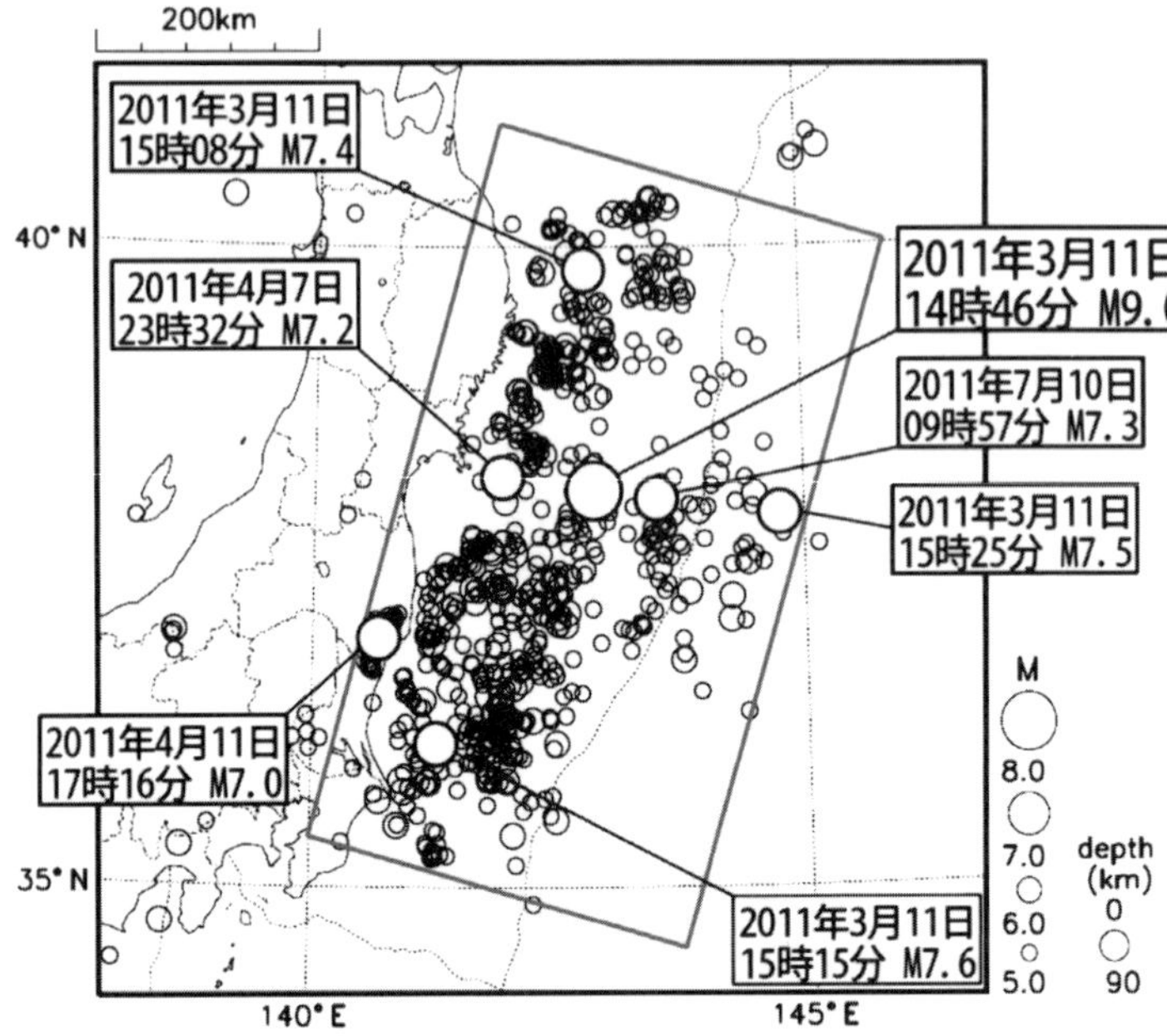

参考図(1)　東日本大震災発生含む余震活動の領域（中央太枠内）および地震規模《注：地震領域は、震源断層であるプレート境界で発生の地震、領域に空間的に近い太平洋プレート内、陸側のプレート内の地震及び、海溝軸の東側の地震、震源域に近い陸域の浅い地震も含む》（気象庁）

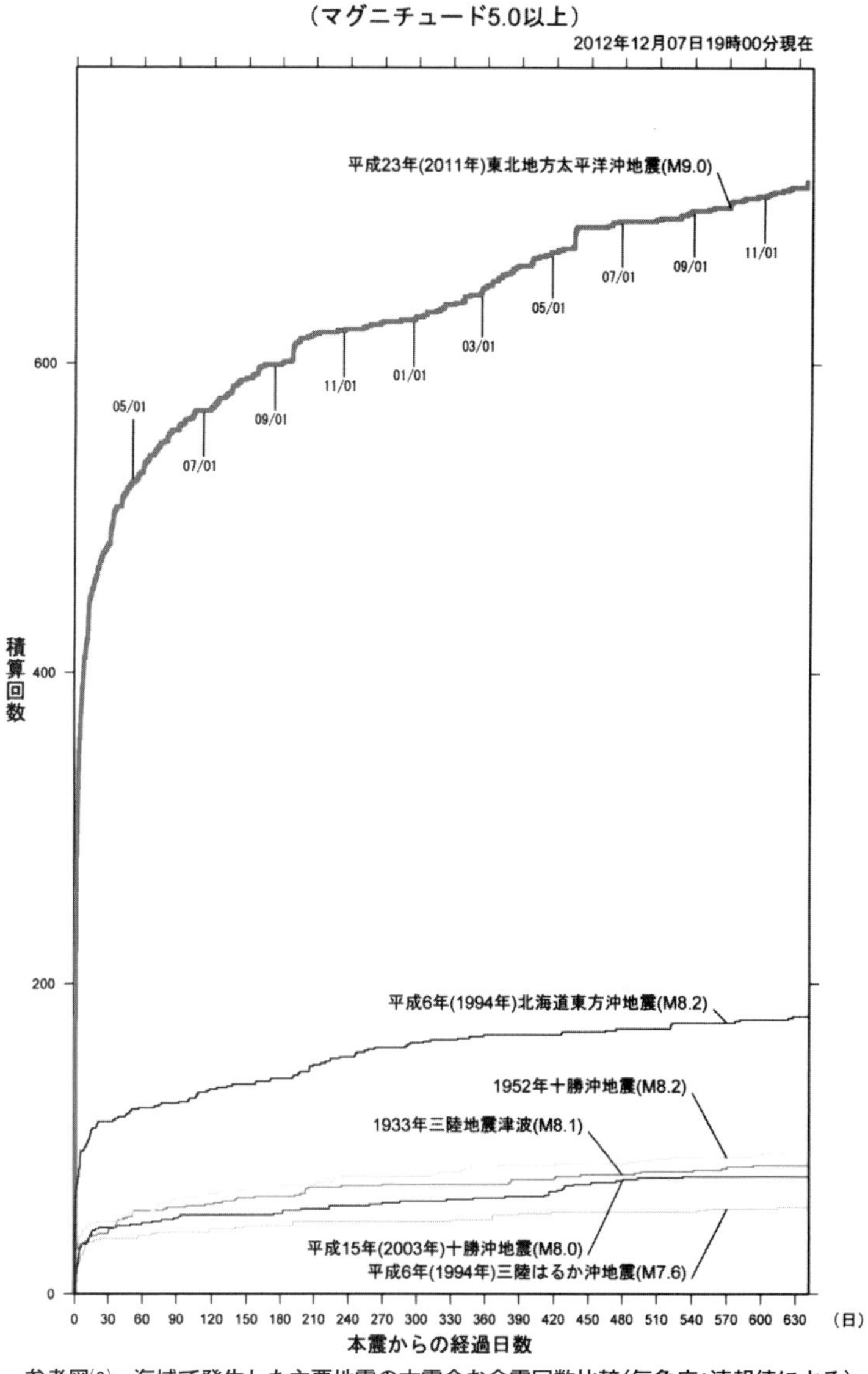

参考図⑵　海域で発生した主要地震の本震含む余震回数比較（気象庁：速報値による）

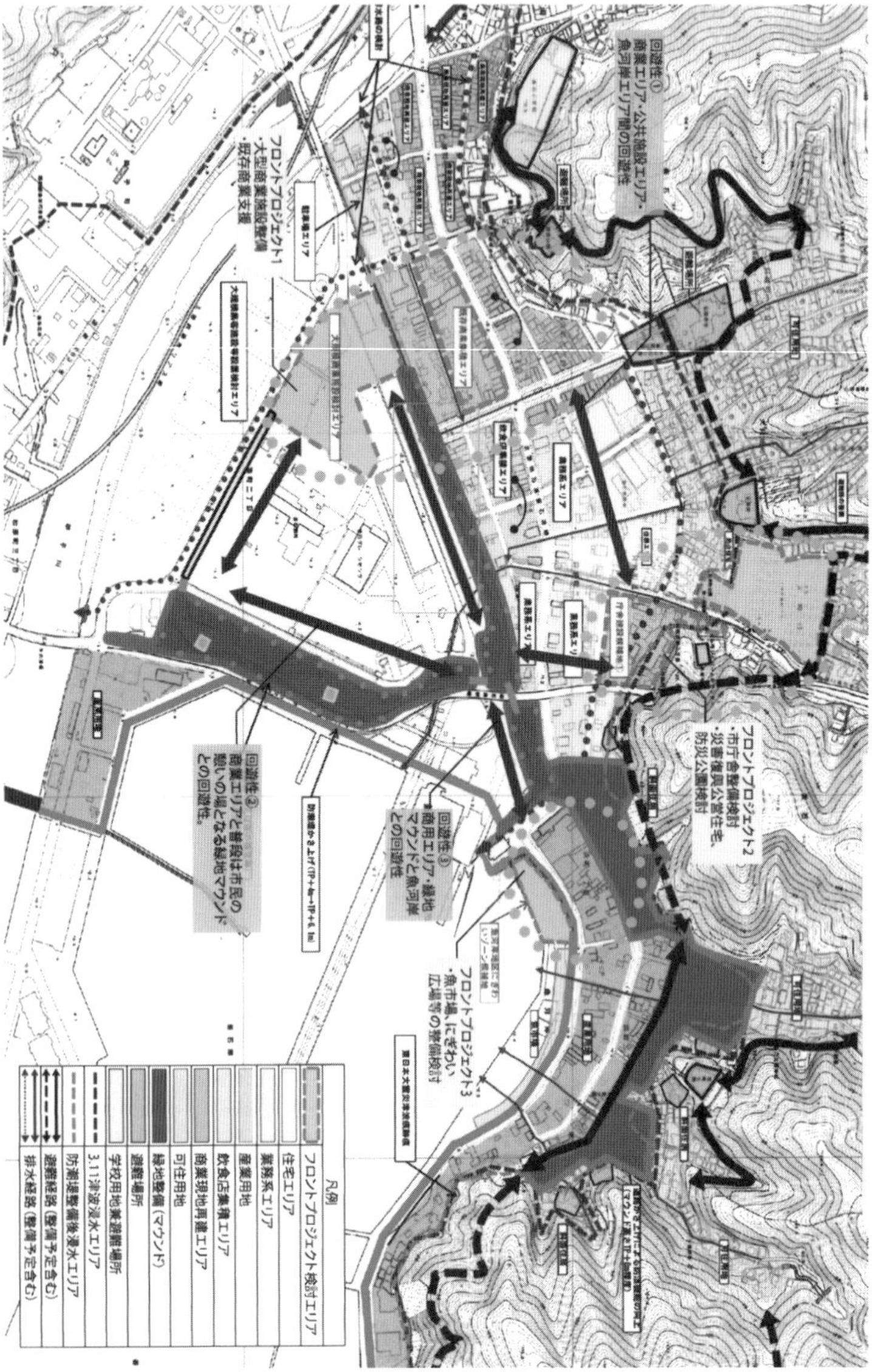

付図(1)　釜石市東部地区土地利用計画（案）（プロポーザル資料、2012年９月26日）（釜石市）

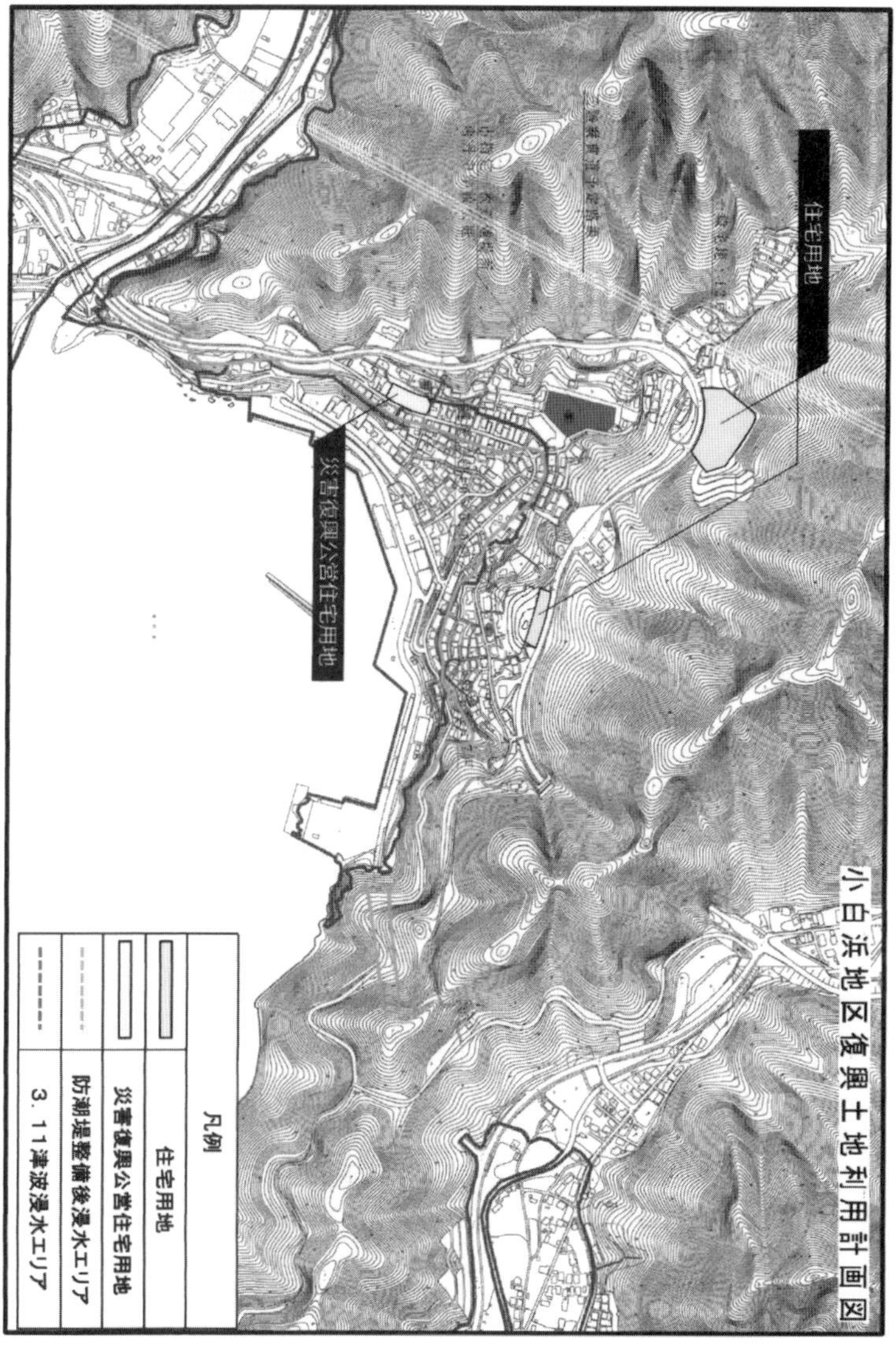

付図(2)　釜石市小白浜地区復興土地利用計画図（プロポーザル資料、2012年11月19日）（釜石市）

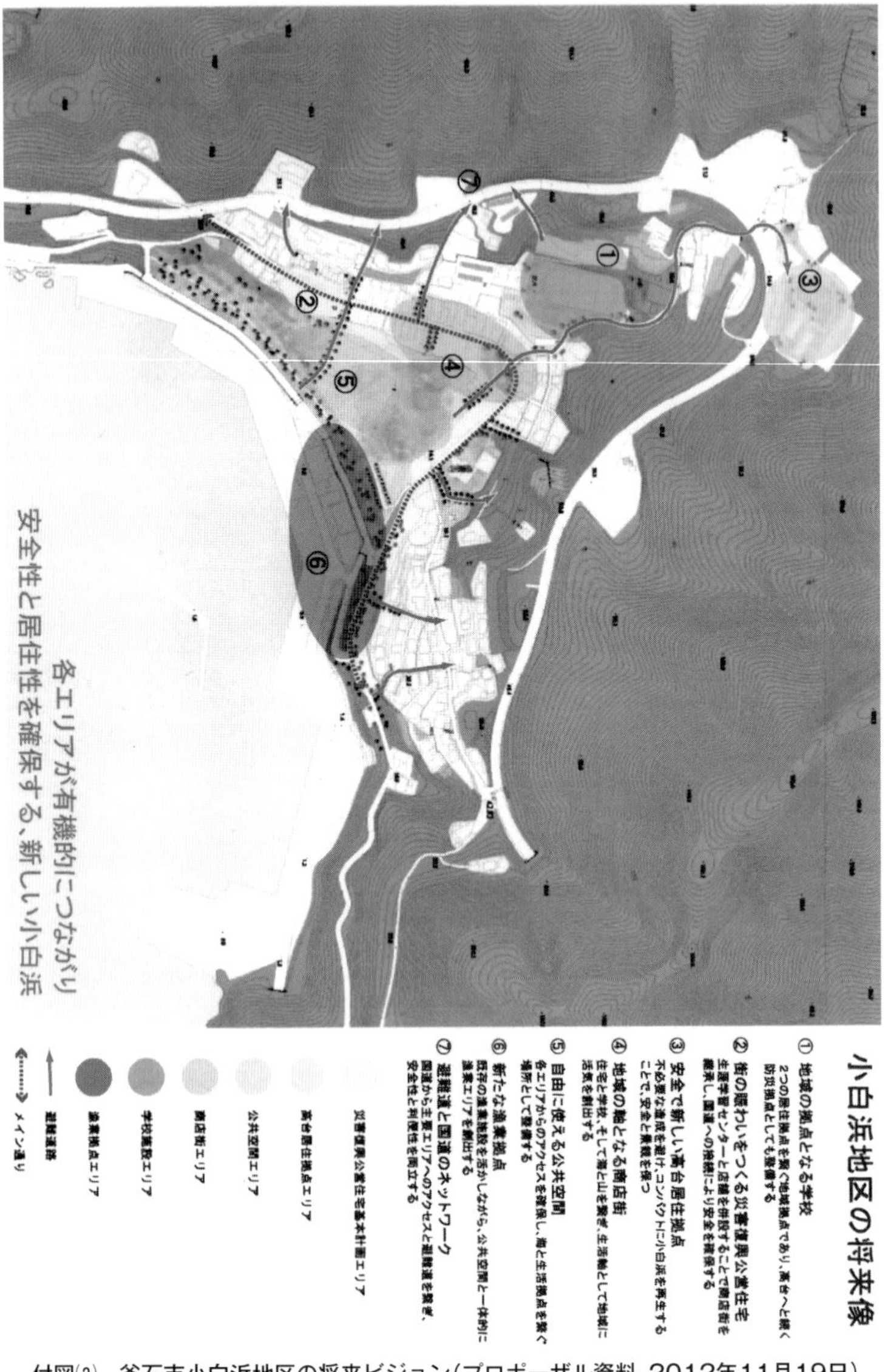

付図(3)　釜石市小白浜地区の将来ビジョン（プロポーザル資料、2012年11月19日）（釜石市）

第一章

東日本大震災と復興

1●昭和三陸津波からの復興

［1］昭和三陸津波の復興計画

内務大臣官房都市計画課が発行した『三陸津浪に因る被害町村の復興計画報告書』[i]という資料がある。東日本大震災で大きな被害を受けた三陸地域はこれまでの繰り返し津波災害に見舞われてきた。二〇一一年の前は、一九六〇年（昭和三五）のチリ地震津波であり、その前が一九三三年（昭和八）の昭和三陸津波、一八九六年（明治二九）の明治三陸津波と続く。明治三陸地震の被害は甚大であり二万人を超える人々が亡くなっている。

昭和三陸津波では、死者四、〇〇七人（宮城県四七一人、岩手県三、五三六人）、流出倒壊、宮城県四、四五三棟、岩手県四、九三二棟という大きな被害が発生した。この被害を受

三陸津浪に因る

被害町村の復興計畫報告書

昭和九年三月

内務大臣官房都市計畫課

図1-1　三陸津浪による被害町村の復興計画書（昭和9年3月）（内務大臣官房都市計画課）

け、内務大臣官房都市計画課は復興計画の策定を行い、宮城県六〇集落、岩手県四二集落で高台移転が実施された。昭和三陸津波からの復興についてまとめた報告書が、前記の資料である。

今から八〇年も前の復興計画であるが、書かれている内容は東日本大震災の復興計画と大きく変わらない。復興事業の内容は、高台移転と盛土、海岸部の土地利用規制、さらに道路、防波施設の建設である。集落設計については、集落の中心に公園・コミュニティ施設の設置が盛り込まれるなど、東日本大震災の復興計画よりも意欲的な計画となっている。また、昭和の復興について特筆すべきは、復興事業がほぼ一年で完了していることである。

復興事業では二度と同じ災害に見舞われないように防災対策が実施されるが、昭和の計画を見ると、今から八〇年前の時点で津波防災のために何をすべきか、については確立されていたと考えられる。しかし、技術の進歩・経済発展により、現在は津波被害を「防ぐ」ということが可能になっている。昭和の計画では高台移転が被害抑止のための対策であったのに対し、東日本大震災の復興計画では防潮堤を建設し、明治・昭和の三陸津波レベルの津波については被害が出ないようにする対策を行うことになっている。

【2】昭和の再定住地の現在

昭和の再定住地は地域の災害の記憶を現在に伝えている。岩手県山田町にある田ノ浜地区の再定住地は海岸部から高台の新たな再定住地へと放射状に拡がる道路をもつ美しい計

図1-2　岩手県山田町田ノ浜地区の高台移転と再定住地区
（昭和8年の三陸津波により240戸が移転）（内務省）

写真1-1(1)　釜石市本郷地区の桜の立木（再定住地の津波被災境界を後世に示す）

写真1-1(2)　岩手県大槌町吉里吉里地区の住宅適地造成事業
（昭和8年三陸津波による復興事業、昭和9年3月末頃）（内務省）

画をもつ。岩手県釜石市の本郷地区の再定住地では、大きな桜の木が高台の住居地域と低地部分を区切る道路に沿って並んでいる。再定住地の完成と昭和天皇に男の子が生まれたことを記念して植えられたもので、樹齢八〇年を超える桜の巨木は昭和の津波の記憶を今に伝えている。宮城県石巻市相川地区の再定住地では「集団地」というバス停の名称に昭和の津波後の再定住地として建設されたという地域の歴史が刻まれる。

昭和の再定住地は、建設後、チリ津波、そして東日本大震災と二つの津波災害を経験した。津波災害後の復興事業では高台への移転が行われるが、しばらくすると人々は、生活の利便性を求め、元住んでいた海岸部に戻っていく[ii]。果たして、昭和の再定住地は東日本大震災でどのような被害を受けたのであろうか?東日本大震災の復興計画策定が行われていた二〇一一年の夏から秋にかけて、昭和の復興で大規模な宅地造成が行われた二一カ所の再定住地を歩いてみた。

残念ながら昭和三陸津波後に集団移転を実施した集落でも被害は発生している。三陸地域のいくつか再定住地でも、災害からの時間の経過と共に、高台から低地部分へと居住地が拡大している。特に、海外からの引き上げ者等により、人口が急増した終戦後の時期に、高台に建設された再定住地だけでは引き上げ者を収容することができず、低地への拡大が進んだ[iii]。先述の田ノ浜地区、相川地区では、移転先の高台では被害が発生していないにもかかわらず、低地に拡がった居住地は壊滅的な被害を受けた。

集落が低地に拡大せず、東日本大震災による被害は海の近くの一部の住宅だけであった

写真1-2　釜石市両石地区の東日本大震災による住宅地の津波被災状況
（昭和津波後に高台移転した再定住地区）

写真1-3　陸前高田市長部地区の東日本大震災による被災状況
（昭和三陸津波後に防潮堤と地域のかさ上げを実施）

地域も存在する。高台移転の成功事例として有名になった岩手県山田町の船越地区、大船渡市の吉浜地区、宮城県気仙沼市の大谷地区が、このタイプに当てはまる。こういった地区は、いずれも明治三陸津波後に高台移転が行われた集落であり、昭和三陸津波でも一部の低地の住宅を除いて被害を受けなかった。また、高台の再定住地に隣接して国道が通ることで街の中心が高台に移動している。

その一方で、昭和三陸津波後に高台移転を行ったにも関わらず、東日本大震災により集落全体が壊滅的な被害を受けた地域もある。昭和の復興では、過去の津波の到達高を元に再定住地の位置が決められており、明治・昭和の津波よりも高い津波に襲われた地域では高台の再定住地でも大きな被害が発生した。釜石市両石地区では、高台の再定住地も含めほとんどの住宅が流出している。また、高台移転ではなく、防潮堤の建設と盛土を行ったが壊滅的な被害を受けた事例も存在する。陸前高田市長部地区では昭和三陸津波後に盛土を行い集落のかさ上げ及び防潮堤の建設を行ったが壊滅的な被害を受ける結果となった。

東日本大震災の復興まちづくりの主要施策である高台移転、盛土という試みは今から八〇年前の昭和三陸津波の復興でも行われている。東日本大震災からの復興を考える第一歩として昭和の再定住地を理解することが重要である。高台移転のサクセスストーリーとして語り継がれる地域の再定住地の特徴をあげるとすれば、再定住地に沿って国道が建設され高台の再定住地で生業が確保できるようになったことと、高台移転により津波被害を防ぐことができたという「成功体験」である。東日本大震災の復興計画では昭和の教訓はどのように活かされていくのであろうか？

2 復興の課題

［1］未曾有の規模の災害？

東日本大震災は、未曾有の規模の災害である、復興の進捗が遅いということがしばしば指摘される。しかし何を基準として「未曾有の規模」「遅い」と言われているのであろうか？比較対象となる災害はおそらく一九九五年に発生した阪神・淡路大震災であろう。人的被害の面では東日本大震災が死者・行方不明者合わせて二万人を超える被害が出ているのに対し、阪神・淡路大震災の死者は六、四三四人であり、人的被害という側面において確かに未曾有の災害であることは間違いない。

しかしながら、復興を考える場合には、建物の被害規模が重要となる。東日本大震災による被害は全壊一二九、三四〇戸、半壊二六四、〇三五戸であり、全半壊合わせて約二九万戸にのぼる。（緊急災害対策本部、二〇一二年八月二八日集計）。一方、阪神・淡路大震災の被害は全壊一〇四、九〇六棟、半壊一四四、二七四棟、全半壊合わせて約二五万棟である。実は集計単位が、東日本大震災は戸であるのに対し、阪神・淡路大震災は棟集計単位が異なる。棟単位での集計と戸単位の集計では大きな違いがある。例えば、二百「戸」の住戸から構成されるマンションの被害は「棟」単位で集計すると一棟と集計される。阪神・淡路大震災では棟単位の集計に加えて世帯単位での集計も行われており、全壊一八六、一七五世帯、半壊二七四、一八一世帯、全半壊合わせて約四五万世帯にのぼる。戸数＝世帯数と考えると、被災した世帯数では阪神・淡路大震災の方が大きく、いわゆる被災者の数から見ると阪神・淡路大震災の方が大きな災害なのである。

[2] 復興のあゆみ

復興課題としてがれき処理が進まないということがあげられる。しかし、阪神・淡路大震災のがれき処理も、完了までに約三年を要している[iv]。東日本大震災のがれき量が二、七五八万トン（内災害廃棄物一、八〇二万トン、津波堆積物九五六万トン）（二〇一二年八月末現在）に対し、阪神・淡路大震災のがれき量は二千万トンであった。東日本大震災では広域で被害が発生したが、がれき量から見ると一・四倍程度であり、災害廃棄物に限れば阪神・淡路より少ない。東日本大震災のがれき処理は、災害から一年五カ月後の二〇一二年八月末現在で、津波堆積物の八％、災害廃棄物の二五％が完了している。同時期の阪神・淡路大震災でのがれきの処理状況[vi]は六二％（一、二四七万トン）であり、確かに東日本大震災のがれき処理は遅い。しかし、阪神地区では災害前から大規模な廃棄物処理施設が存在していたことを考えると、東日本大震災の廃棄物処理が著しく遅れているというわけではない。

人間は先が見えないことについて時間がかかっているような感覚をもつ。知らない場所へ行く場合、行きはすごく時間がかかったように感じるが、帰りは早く感じる。これと同じで、経験したことがないため、復興は時間がかかっているように感じる。阪神・淡路大震災と比べてみると、東日本大震災の被害規模は決して未曾有のものではなく、復興の歩みも遅々としてはいるが、決して著しく遅れているというわけではない。阪神・淡路大震災の復興も完了までには一〇年という長い時間を必要とした。最初の一年は、被害を経験、避難所での生活、仮設住宅へ移住、と状況は時々刻々と変化していく。しかし、その後、復興完了までの一〇年まで、被災地の風景は遅々として変わらず、それがストレスとなる。大きな災害の場合、復興には最低一〇年必要という意識をもつことが重要である。

がれきの処理については、阪神・淡路大震災と比較してそれほど、遅れていないと書いたが、復興まちづくりは異なる。特に「こういうまちに復興するのだ」という具体的な都市復興についてのイメージ提示は阪神・淡路大震災と比べると一年遅い。大きな混乱を引き起こすことになったのであるが、阪神・淡路大震災では震災発生から二カ月後の一九九五年三月一一日に都市計画決定が行われ、土地区画整理・再開発といった都市計画事業を実施する地域がどのような「まち」として再建されるのか、という具体的なイメージが示された。避難所で多くの人々が生活する中で都市の復興像が発表されたことに対して、批判の声があがったが、再建イメージを提示することで復興ということについて人々が真剣に考えるきっかけとなったことは確かである。東日本大震災の復興では、行政の総合的な復興計画の策定はほぼ一年で完了しているが、具体的なまちの再建（都市計画）の計画策定については現在も完了していない。

いつから復興を考えるべきなのか、考えられるのかという問題は存在する。具体的に「いつ」ということを言うことは難しいが、災害による被害を受けた、という現実を認められるようにならないかぎり、復興ということは考えられない。精神医学者のラファエル[vii]は、災害ですまいを失った場合にも、死別と同様、現実を受け入れるまでの「精神麻痺」「切望と抗議」「悲しみを哀訴」「整理」という「悲哀の過程」が存在すると言う。原子力災害による被害を受けた地域では、現実を受け止める、ということがより困難になると考えられる。放射能の被害は津波の被害を違って目に見えない。災害前と同じ状況でまちは残っており、被害を受けているのだということを理解するのが難しい。また、現在、放射能の除染作業が行われているが、除染が完了すれば戻れるようになるのかも、という期待があり、なかなか現実を受け止めることは難しい。

[3] 復興の時間と人口減少

人によって復興について考えられるようになるまでの時間は異なるが、具体的な都市再建のイメージの提示が遅れれば遅れるほど、人口流出は進行する。現実を受け止め、生活の再建に取り組めるようになった人々は、復興へ歩み始める。しかしながら、自分が元住んでいた場所が居住禁止区域になるのか、道路はどのように設定されるのか、といったことが決まらなければ、自宅を再建することはできず、他の場所で生活を再建することを選

○市町の震災復興計画

これまで県内の21市町が震災復興計画を策定した。

沿岸部の市町では，災害に強いまちづくりを目指して，住宅地の高台移転や多重防御等による大津波対策などを計画している。

	自治体名	策定時期	計画期間	「減災」に関わる事業
沿岸15市町	仙台市	H23/11	H23～27	多重防御，集団移転
	石巻市	H23/12	H23～32	多重防御，集団移転
	塩竈市	H23/12	H23～32	防潮堤の整備，幹線道路に堤防機能を付与，避難路の整備など
	気仙沼市	H23/10	H23～32	集団移転，避難ビルを併設した高層階への居住
	名取市	H23/10	H23～29	集団移転，多重防御，避難場所の確保など
	多賀城市	H23/12	H23～32	多重防御
	岩沼市	H23/ 8	H23～29	多重防御，集団移転，避難場所の確保など
	東松島市	H23/12	H23～32	多重防御，集団移転，避難場所の確保など
	亘理町	H23/12	H23～32	多重防御，集団移転
	山元町	H23/12	H23～30	多重防御，集団移転
	松島町	H23/12	H23～27	防潮堤のかさ上げ，避難路の強化など
	七ヶ浜町	H23/11	H23～32	多重防御，集団移転
	利府町	H23/12	H23～28	避難場所の確保など
	女川町	H23/ 9	H23～30	集団移転，避難場所・避難ビルなどの整備
	南三陸町	H23/12	H23～32	集団移転，避難路や避難施設の整備
内陸6市町	白石市	H23/ 9	H23～29	
	角田市	H23/ 8	H23～27	
	登米市	H23/12	H23～27	
	栗原市	H23/12	H23～33	
	大崎市	H23/10	H23～29	
	涌谷町	H24/ 3	H23～32	

図1-3　宮城県内における震災復興計画の内容と自治体（宮城県「復興の進捗状況」、2013.2.14より）

択せざるを得なくなる。特に自営業の場合、事業再開の遅れは収入が無いことを意味するため、他の場所に移転し、事業を再開することが生活を続ける上で不可欠となる。

東日本大震災の被災地は、災害前から人口減少傾向にあった地域であるが、災害後は以前にも増して人口減少が進行し、発災時と比較して二〇一一年八月現在で六・〇%の人口減となっている。災害に見舞われると人々は移動するのは当然のことであり、阪神・淡路大震災においても人口流出は発生している。神戸市における人口減少のピークは震災から三カ月後頃と推定されており、その後、人口は回復に転じる[viii]。しかしながら、東日本大震災の被災地での災害に伴う人口減少が長く継続する。岩手県沿岸部では災害前より明らかに高い割合での人口減少が、災害から八カ月後の二〇一一年一一月まで続いている。東日本大震災と同様に人口減少地域を襲った災害である二〇〇四年の新潟県中越地震の被災地での災害の影響に伴うと考えられる人口減少率の上昇は、災害直後の一カ月間のみであり、東日本大震災における災害に起因する人口減少率は長く続いている。いつ復興に取りかかるのかということは、被災の状況、地域特性をふまえて決定されるべきものであるが、遅れれば遅れるほど人口は減少していくことになり理解する必要はある。

［4］復興における新たな対応

東日本大震災の被災地の復興プロセスにおいて発生していることは、過去の復興事例からある程度想像できたことである。しかしながら、東日本大震災の復興が、これまでの災害復興と大きく異なる点が二つある。一つは科学的なシミュレーションに基づき土地利用規制が実施されることである。災害復興において「同じ被害を二度と繰り返さない」ということは重要な命題の一つであり、これまでも復興事業の中でさまざまな防災対策が実施されてきた。しかしながら、その対策は構造物の耐震性を高めるといった構造物による被害抑止対策、区画整理を実施し地区の不燃化を図る、というものだ。液状化リスクの高い地域・断層の近傍は再建禁止とする、といった土地利用規制を伴う対策は日本では基本的に実施されてこなかった。[ix]

東日本大震災の復興における防災レベルは、レベル1の津波（数十年〜百数十年に一度）については防潮堤を建設し被害をゼロにする、レベル2の津波（数百年〜千年に一度）については土地利用規制も含めた総合的な対策により人的被害を軽減する、というものである。津波シミュレーションは、レベル2の津波に対する対策を考えるために実施され、新たに建設される防潮堤がある、という前提で基本的に東日本大震災と同じ津波を発生させ、各地域の浸水域の推定が行われた。通常、自然現象のシミュレーションは精度がよい場合でも誤差が発生する。シミュレーション結果は土地利用計画を策定する際の参考資料と考える必要があるが、結果を絶対的なものとして土地利用計画の策定が進められたため、さまざまな混乱が生じている。しかしながら、土地利用規制に基づく防災対策の実施、という日本の復興事業において新しい視点が導入されたということは注目に値する。

もう一つのポイントは原子力災害からの復興である。事態の収束が見えない、という点では、原子力災害の復興は火山災害の復興と類似性がある[x]。しかし、人為災害である原子力災害では、火山災害と比べると事態収束への道筋が示されるのは早い。災害から二カ月後の二〇一一年五月一七日に国の原子力災害対策本部から「ロードマップ」[xi]が示される。このロードマップでは、遅くても二〇一二年一月中頃までには「原子力発電所自身の安全性を確保する」という目標が示され、実際には二〇一一年一二月二六日に「発電所の事故そのものは収束に至ったところが確認された」[xii]という文書が出される。これは火山災害でいうところの「火山活動の収束宣言」にあたるものである。収束宣言を受けて、立ち入りが禁止された「警戒区域」（二〇キロメートル圏内）、居住が制限された「計画的避難区域」（年間二〇ミリシーベルト以上）という線引きの見直しが開始され、同時に試験的に「除染」活動も実施されるようになる。そして、災害から一年が経過した三月三〇日から被災地域は、順次、「警戒区域」、「帰還困難区域」（五年を経過しても年間二〇ミリシーベルト以上）、「居住制限区域」（現状、年間二〇ミリシーベルト以上）、「避難指示解除準備区域」（年間二〇ミリシーベルト以下）という四つの区域に分類されていく。

火山災害では火山活動が収束した後は、「どういう対策を実施すれば、どのような効果がある」（砂防ダムを建設すればこの地域は安全になる）ということが明確になる。しかし、原子力災害の場合は、対策と効果の関係が不明確であり（除染すると安全になるのか）、「戻れる・戻れない」ということの判断を確実に行うことができずにいる。また、人為災害である原子力災害では「賠償」という問題があり、原子力災害からどのように復興していく

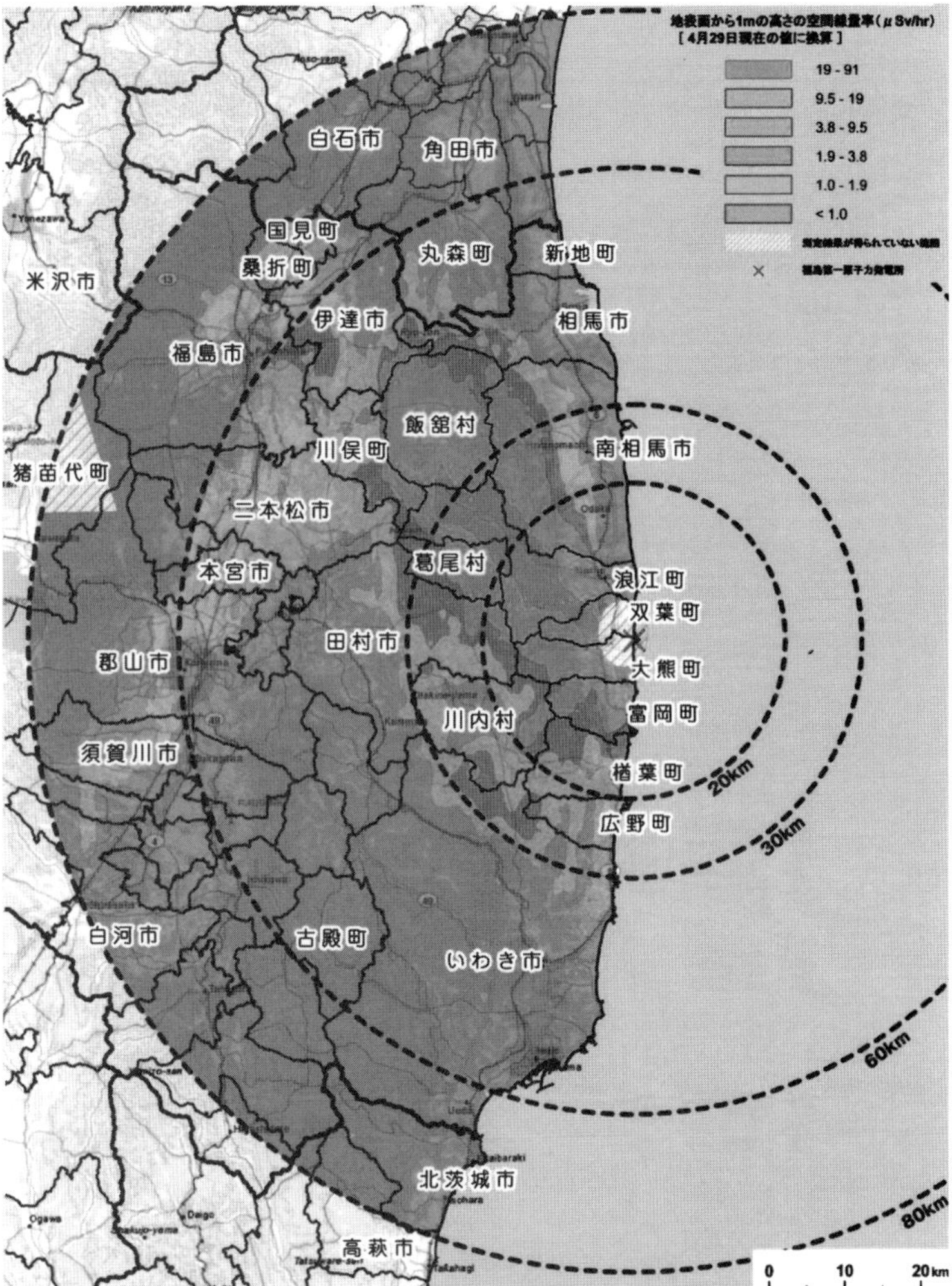

図1-4　福島第一原子力発電所から80km圏内の航空機モニタリングによる線量測定マップ（文部科学省及び米国DOEによる測定結果、2011年4月29日の換算値）

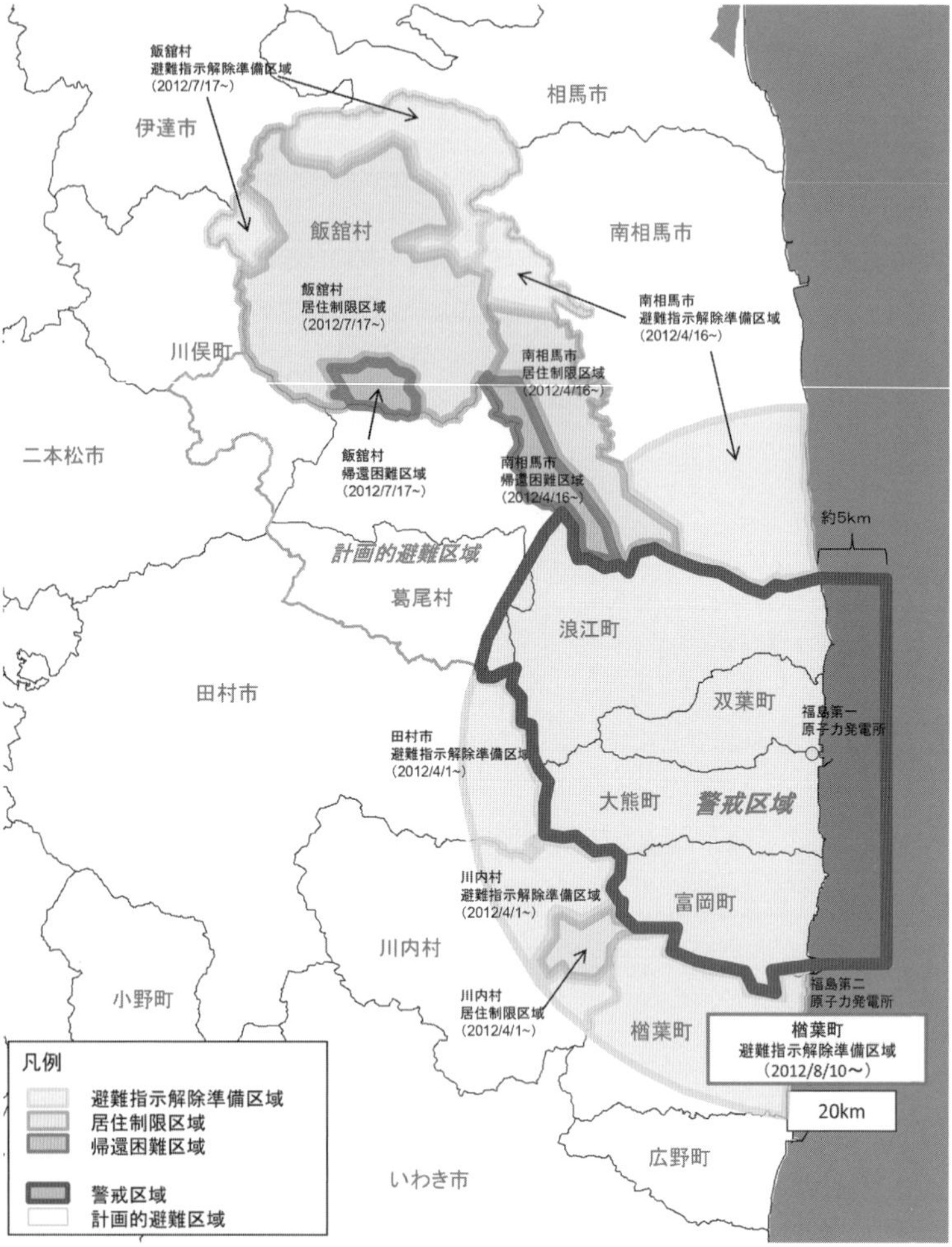

図1-5　原発被害影響の続く避難指示区域（警戒区域、計画的避難区域、帰還困難区域、居住制限区域、避難指示解除準備区域、2012.7.31時点）
（政府原子力被災者再建チーム）

のかは東日本大震災からの復興に突きつけられた新たな課題となっている。

3 東北エリアの再興のために

[1] 時間をかける

日本では、復興を考える場合、人口が流出し減少することは「悪」であると考えられている。しかしながら、海外に目を転じると、単純に人口の増減だけで復興の成否を論じているわけではない。一九九二年にフロリダを襲ったハリケーン・アンドリューで大きな被害を受けたマイアミ近郊のホームステッド市の復興について、以下のような記述ある。

「一九九四年までに人口はアンドリュー前の四分の三までしか回復していなかった。しかし、多くの住民の言う〈聖アンドリュー〉は（中略）、ホームステッドに二億ドル以上のお金を運んできた。（中略）再建はホームステッドの特徴を変化させる絶好の機会であると考え、市の指導者も住民たちも、住宅所有化計画を実施することにより、最終的には災害前は賃貸人（六〇%）が中心であったまちを、災害後は持家層（六〇%）が中心の町に変化させた」[xiii]。同様のことは、二〇〇五年ハリケーンカトリーナにより被害を受けたニューオリンズの復興にもあてはまる。ニューオリンズ市の人口は二〇〇八年時点で災害前の四三七、一八六人に対して三〇万人にまでしか回復していない。しかしながら、ニューオリンズ市を、マネー・マガジン誌は「成長する米国の都市」六位に選び、ビジネス・ウィーク誌は「リセッションから回復する二〇の都市」の一つに選んでいる。このように米国では、人口の多寡ではなく、どのような人が住むようになったのか、さらには、まちの成長という観点からの復興の評価を行っている。

災害が発生すると人々が移動することは不可避である。一旦は人口が減少するという前提に立ち、将来的に人々を再び集めることが可能な都市として再建するということを目標とし、急ぐのではなくゆっくりと時間をかけた復興と考えるということが重要である。

［2］先進国の復興モデル

先進国の復興の特徴はゆっくりと復興を行うことである。例えば一九八九年に発生したロマ・プリータ地震で被害を受けたサンフランシスコのランドマークであるフェリー・ビルディングが再建されたのは、災害から一四年が経過した二〇〇三年のことである。現在はファーマーズ・マーケットが設置され湾岸部の新たな商業拠点となっている。二〇〇一年同時多発テロで倒壊したワールドトレードセンターの跡地では、現在もオフィスビルの再建が続いており、経済事情によりオフィスビルの需要が見込めない、という理由で二つの高層ビルの建設が止まっている。ゆっくりと、丁寧に議論を重ねて復興を進めていくというのは米国に限ったことではない。

東日本大震災が発生した直前の二〇一一年二月二二日に発生した地震により、ニュージーランドのクライストチャーチは壊滅的な被害を受けた。被害の原因は、一回の地震に

写真1-4　震災14年後に再建された、サンフランシスコのランドマーク・ビルディング

写真1-5　2001.9.11同時多発テロにより破壊された
未だ建設途中のニューヨーク･WTCビルディング

写真1-6　震災1年後のクライストチャーチの中心市街地

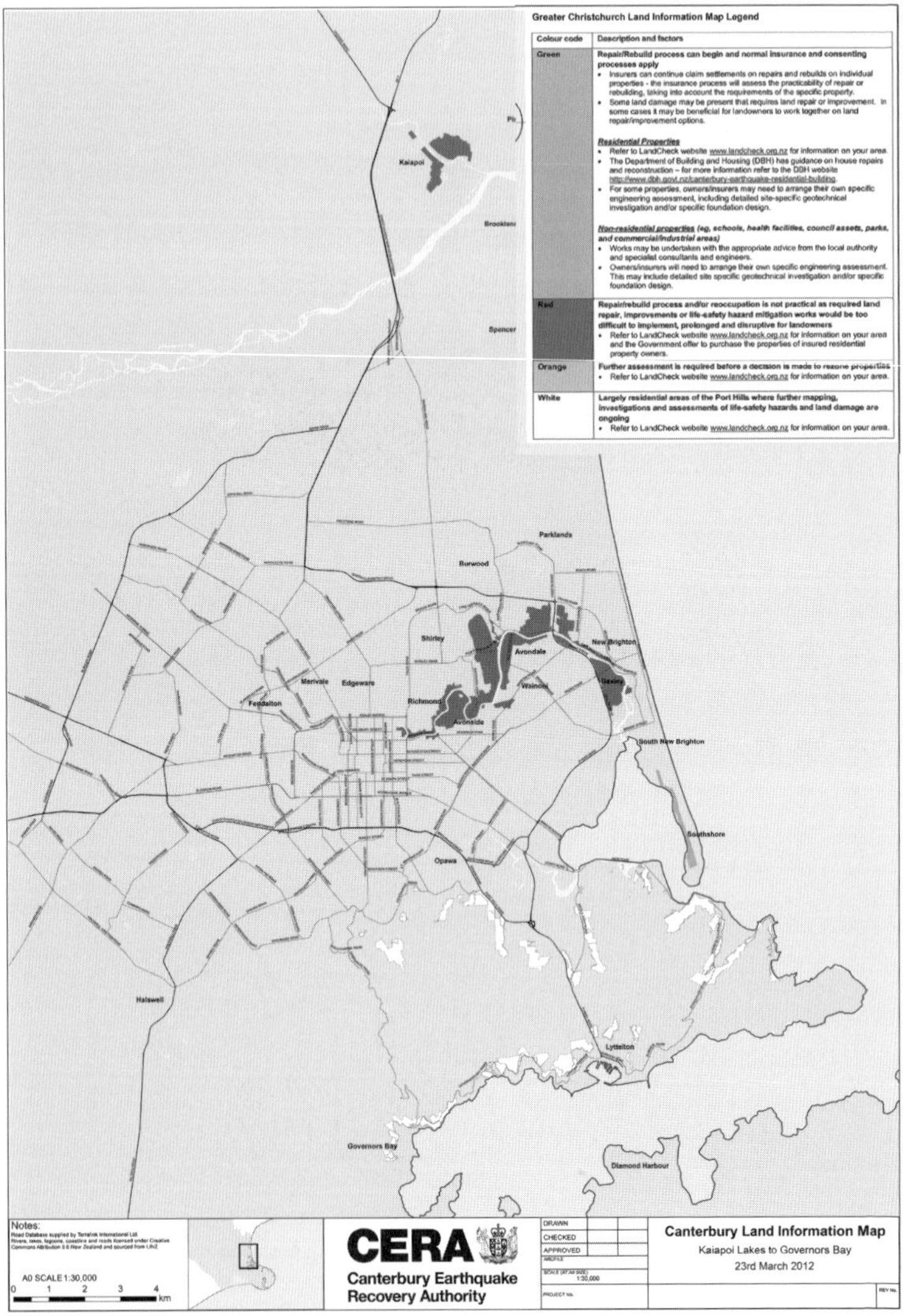

図1-6　NZクライストチャーチ大都市圏における土地情報マップ
(ベタ標示は再建よりも移転を余儀なくされるレッドゾーン地区)
(CERA他、Christchurch Central Recovery Plan、2012年7月)

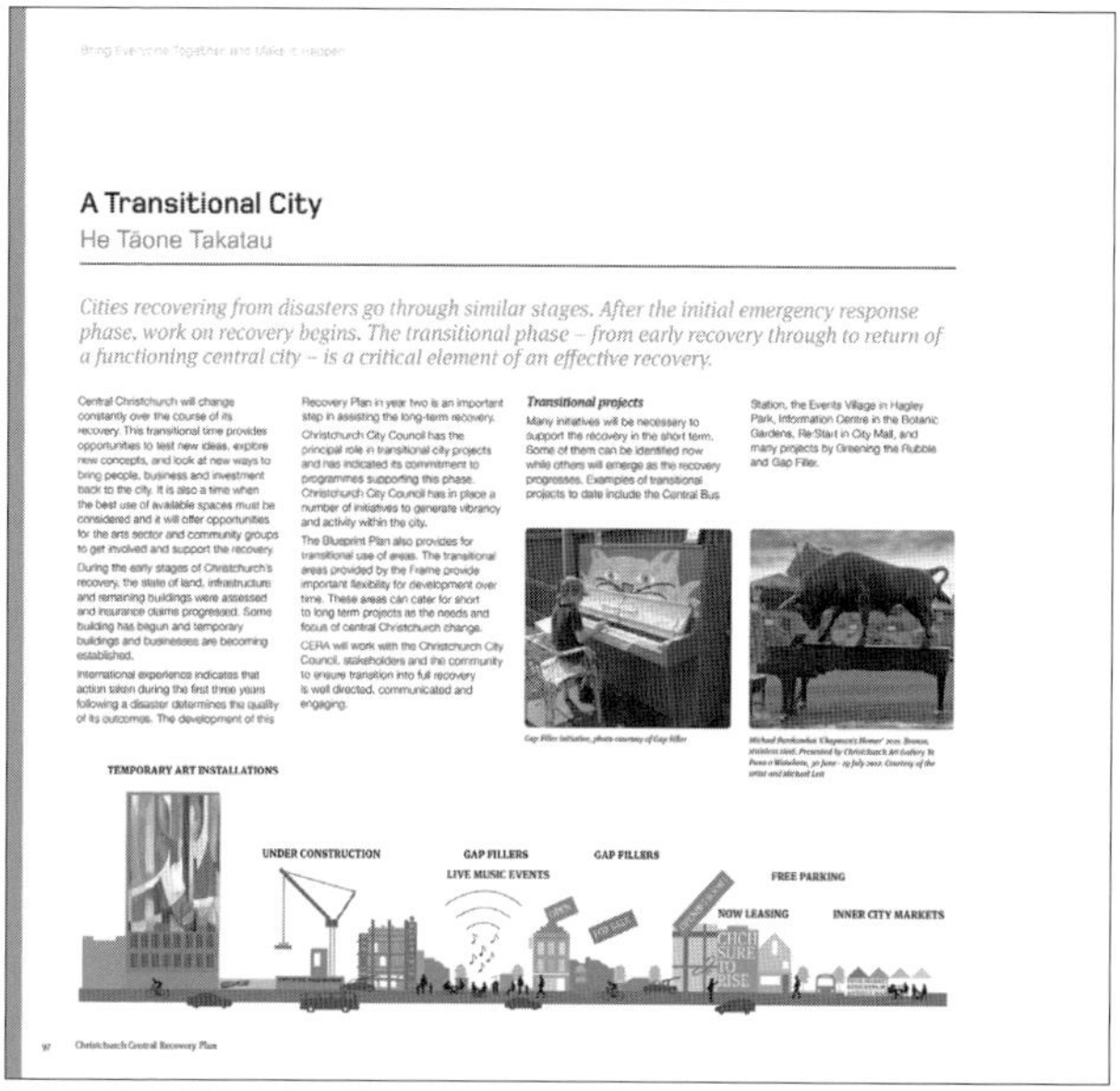

Bring Everyone Together and Make it Happen

A Transitional City

He Tāone Takatau

Cities recovering from disasters go through similar stages. After the initial emergency response phase, work on recovery begins. The transitional phase – from early recovery through to return of a functioning central city – is a critical element of an effective recovery.

Central Christchurch will change constantly over the course of its recovery. This transitional time provides opportunities to test new ideas, explore new concepts, and look at new ways to bring people, business and investment back to the city. It is also a time when the best use of available spaces must be considered and it will offer opportunities for the arts sector and community groups to get involved and support the recovery.

During the early stages of Christchurch's recovery, the state of land, infrastructure and remaining buildings were assessed and insurance claims progressed. Some building has begun and temporary buildings and businesses are becoming established.

International experience indicates that action taken during the first three years following a disaster determines the quality of its outcomes. The development of this Recovery Plan in year two is an important step in assisting the long-term recovery.

Christchurch City Council has the principal role in transitional city projects and has indicated its commitment to programmes supporting this phase. Christchurch City Council has in place a number of initiatives to generate vibrancy and activity within the city.

The Blueprint Plan also provides for transitional use of areas. The transitional areas provided by the Frame provide important flexibility for development over time. These areas can cater for short to long term projects as the needs and focus of central Christchurch change.

CERA will work with the Christchurch City Council, stakeholders and the community to ensure transition into full recovery is well directed, communicated and engaging.

Transitional projects

Many initiatives will be necessary to support the recovery in the short term. Some of them can be identified now while others will emerge as the recovery progresses. Examples of transitional projects to date include the Central Bus Station, the Events Village in Hagley Park, Information Centre in the Botanic Gardens, Re:Start in City Mall, and many projects by Greening the Rubble and Gap Filler.

97 Christchurch Central Recovery Plan

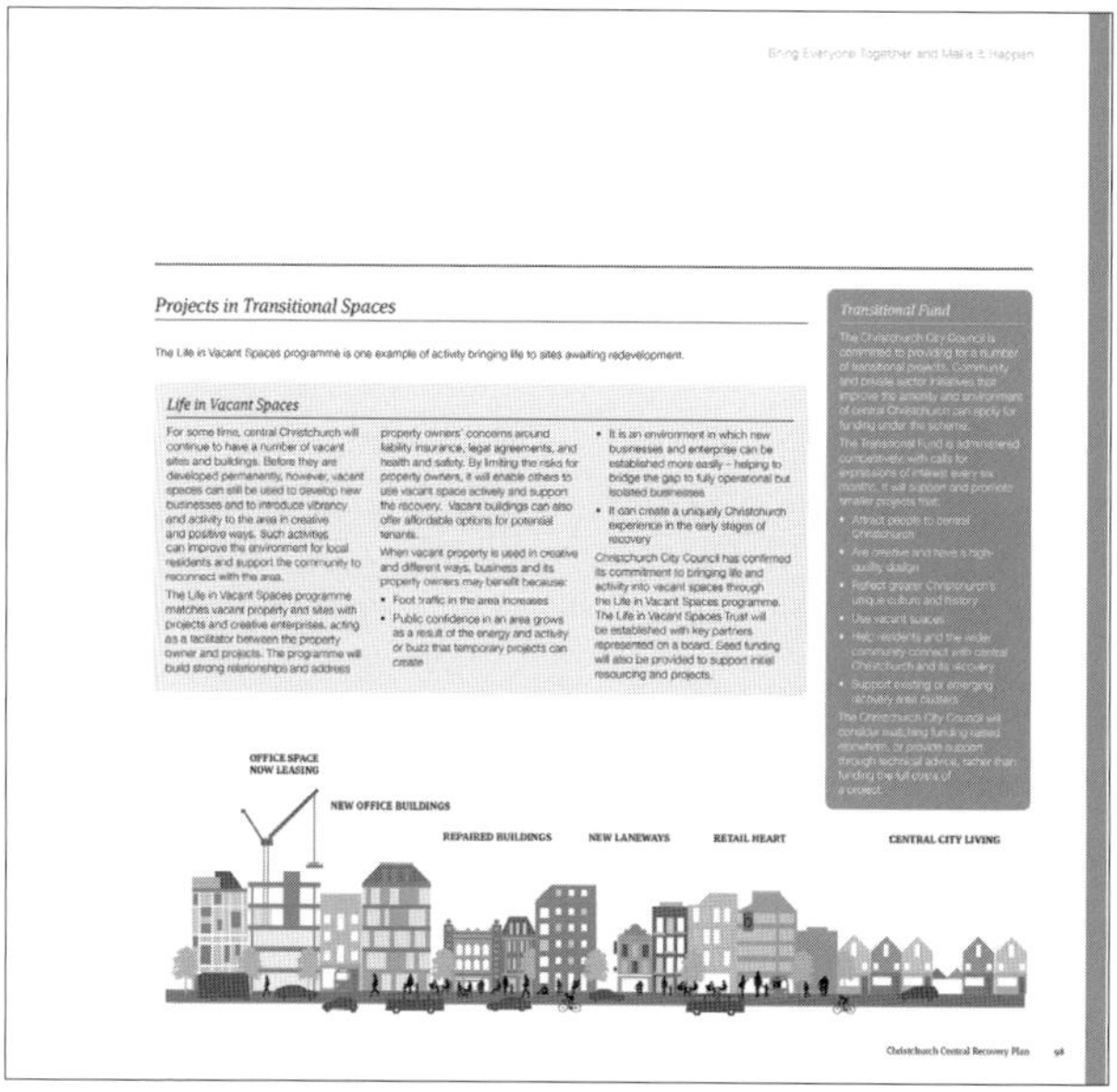

Bring Everyone Together and Make it Happen

Projects in Transitional Spaces

The Life in Vacant Spaces programme is one example of activity bringing life to sites awaiting redevelopment.

Life in Vacant Spaces

For some time, central Christchurch will continue to have a number of vacant sites and buildings. Before they are developed permanently, however, vacant spaces can still be used to develop new businesses and to introduce vibrancy and activity to the area in creative and positive ways. Such activities can improve the environment for local residents and support the community to reconnect with the area.

The Life in Vacant Spaces programme matches vacant property and sites with projects and creative enterprises, acting as a facilitator between the property owner and projects. The programme will build strong relationships and address property owners' concerns around liability insurance, legal agreements, and health and safety. By limiting the risks for property owners, it will enable others to use vacant space actively and support the recovery. Vacant buildings can also offer affordable options for potential tenants.

When vacant property is used in creative and different ways, business and its property owners may benefit because:

- Foot traffic in the area increases
- Public confidence in an area grows as a result of the energy and activity or buzz that temporary projects can create
- It is an environment in which new businesses and enterprise can be established more easily – helping to bridge the gap to fully operational but isolated businesses
- It can create a uniquely Christchurch experience in the early stages of recovery

Christchurch City Council has confirmed its commitment to bringing life and activity into vacant spaces through the Life in Vacant Spaces programme. The Life in Vacant Spaces Trust will be established with key partners represented on a board. Seed funding will also be provided to support initial resourcing and projects.

Transitional Fund

The Christchurch City Council is committed to providing for a number of transitional projects. Community and private sector initiatives that improve the amenity and environment of central Christchurch can apply for funding under the scheme.

The Transitional Fund is administered contestably with calls for expressions of interest every six months. It will support and promote smaller projects that:

- Attract people to central Christchurch
- Are creative and have a high-quality design
- Reflect greater Christchurch's unique culture and history
- Use vacant spaces
- Help residents and the wider community connect with central Christchurch and its recovery
- Support existing or emerging recovery area clusters

The Christchurch City Council will consider matching funding raised elsewhere, or provide support through technical advice, rather than funding the full costs of a project.

Christchurch Central Recovery Plan 98

図1-7　火急な復興より都市自体をリニューアルする「仮設市街地」づくりと位置づけ、都市空間の変遷を目指す（トランジショナル・シティ）（CERA）

よるものではなく、二〇一〇年から始まった一連の地震による被害の積み重ねにより発生したものである。日本人の感覚からすると信じられないかもしれないが、クライストチャーチの中心部は災害から一年が経過した後も立ち入り禁止となっている。また、液状化が発生した地区については、インフラの復旧コスト、将来の地域の安全性を考えると、現地で再建するよりも移転した方が地域にとって望ましい、という判断が行われている。液状化地域は、レッド・ゾーンに指定され、移転を強制するわけではないが、所有者の土地・住宅を地震保険のスキームに基づき買い上げる政策がとられている。「復興計画」[xiv]の策定が完了するのは地震から一年五カ月後の二〇一二年七月三〇日のことであり、復興完了の時期は明示されていない。クライストチャーチでは、復興を都市をリニューアルする「機会」と捉え、「仮設市街地」をつくってゆっくりと復興する計画となっている。

【3】日本における新たな復興モデルの試行

米国、ニュージーランドの「ゆっくりとした復興」は国・地域としての「余力」を示している。復興のベースラインは「地域の生き残り」にある[xv]。災害からの復興が遅れ、地域が消滅してしまう、ということは避ける必要がある。戦前まで東北地方では冷害が発生すると飢饉が発生した。しかし、日本の経済発展に伴い災害による戦前のような悲惨な状況が発生することは考えられない。開発途上国では、復興の遅れが、食料難、被災者の都市のスラムへの流入といった事態を発生させる。しかし、日本の被災者支援は現在の生活水準から考えるとさまざまな問題も存在するが、多様な災害支援制度が整備されており、日本でそういった事態が発生するということは考えられない。

「早く復興しなくてはならない」という日本における災害復興の考え方は、乏しかった時代のトラウマのように感じられる。二〇〇四年インド洋大津波、二〇〇七年四川大地震の復興は確かに早い。その背景には早く復興しないと地域の生活が崩壊してしまうという背景がある。それに対して、米国やニュージーランドといった成熟した国々の復興は、合意形成を重視し、決して急がない。復興を、都市を変える機会と捉え、急がずにじっくりと取り組むことが肝要だ。

東北の復興は、これまでの復興手法の適用であり、新しさがないと言われる。復興に利用される事業制度は高度成長期に創設された事業制度であり、少子高齢化時代の問題に古い手法で戦いを挑んでいる。特に被災した場所で再建することを選択した地域での復興は困難を極めている。復興計画策定のプロセスの中で住民の意見を上手く反映することができておらず、まちの再建の基本方針にまで遡って議論が行われている地域も存在する。先述のように人口の流出は一段落しており、人口減少は災害前のレベルに戻っている。今後考えるべきは、どうすれば新たに人を呼び込むことができるような魅力あるまちを創ることができるのか、ということである。東日本大震災の復興でも、今後は他の先進国地域のようにゆっくりと、納得のいく復興を丁寧に進めていっても良いのではないだろうか。そうすれば、東日本大震災の復興が日本が先進国型の復興モデルへと移行するきっかけとなった、と評価される可能性もある。

【第一章補注】

i 内務大臣官房都市計画課、三陸津波に因る被害都町村の復興計画報告書、内務大臣官房都市計画課、1934

ii 牧 紀男、災害の住宅誌、鹿島出版会、2011

iii 山口弥一郎、津波と村、三弥井書店、復刊版、2011

iv 神戸市、阪神・淡路大震災神戸復興誌、p.187、神戸市、平成一二年

v 環境省、被災3県沿岸市町村の災害廃棄物処理の進捗状況、平成二四年九月七日

vi 兵庫県生活文化部環境局環境整備課、阪神・淡路大震災における災害廃棄物の処理について、平成九年三月

vii ラファエル、災害が襲うとき―カタストロフィーの精神以外―、pp.183-184、みすず書房、1988

viii 神戸市、震災と人口推計 ～神戸市の経験から～、統計でみるこうべ No.43、2000

ix 数少ない事例として一九三三年昭和三陸津波後の宮城県の建築禁止地区、一九五八年伊勢湾台風後の名古屋市における災害危険区域における建物構造規制が存在する。

x 牧 紀男、災害の住宅誌：人々の移動とすまい、鹿島出版会、2011

xi 原子力災害対策本部、「原子力被災者への対応に関する当面の取り組みのロードマップ」、平成二三年五月一七日

xii 原子力災害対策本部、ステップ2の完了を受けた警戒区域及び避難指示区域の見直しに関する基本的考え方及び今後の検討課題について、平成二三年一二月二六日

xiii ジェイムス・ミッチェル編、中林一樹監訳、巨大都市と変貌する災害：メガシティーは災害を産み出す、古今書院、p.329、2006

xiv Canterbury recovery Authority, Christchurch Central Recovery Plan, 2012

xv 牧 紀男、災害の住宅誌：人々の移動とすまい、鹿島出版会、2011

第二章

防災とは、復興とは

1●復興計画の意味するもの

[1] 復興計画は必要か?

岩手県・宮城県では、災害から一カ月後に復興ビジョン、さらに三カ月後には復興計画が提示され、議会の承認プロセスを経て、震災から七カ月後までには復興計画策定が完了している。また市町村の復興計画も二〇一一年中には策定を終えている。原子力災害という先が見えない被害に見舞われた福島県の復興計画の策定は、宮城・岩手の両県と比べると少し遅れるが、それでも二〇一一年中には策定が完了している。阪神・淡路大震災の兵庫県の復興計画では、復興ビジョンの提示が一カ月後の三月末、復興計画の完成が半年後の七月末であることと比べると、東日本大震災の被災自治体では、早いペースで復興計画の策定が行われた。これまでも何度も指摘されていることではあるが、自治体が作成する復興計画は、策定しなくてはならないものではなく、法的根拠にも乏しい。法学者の津久井[i]は「復興の道筋をつける、あるいは、その目標をつける」ため復興に関わる法の役割は重要であり、憲法理念に即し、「過去の災害から得られた教訓と理念」に基づく「復興基本法」の制定の必要性を指摘する。東日本大震災では「東日本大震災復興基本法」が二〇一一年六月二四日に制定された。この法律は東日本大震災からの復興の基本理念を定めるとともに、政府の復興本部、復興庁設置と復興特別区域についての規定を定めるものであるが、その対象は東日本大震災に限定されており、また自治体の復興計画についての

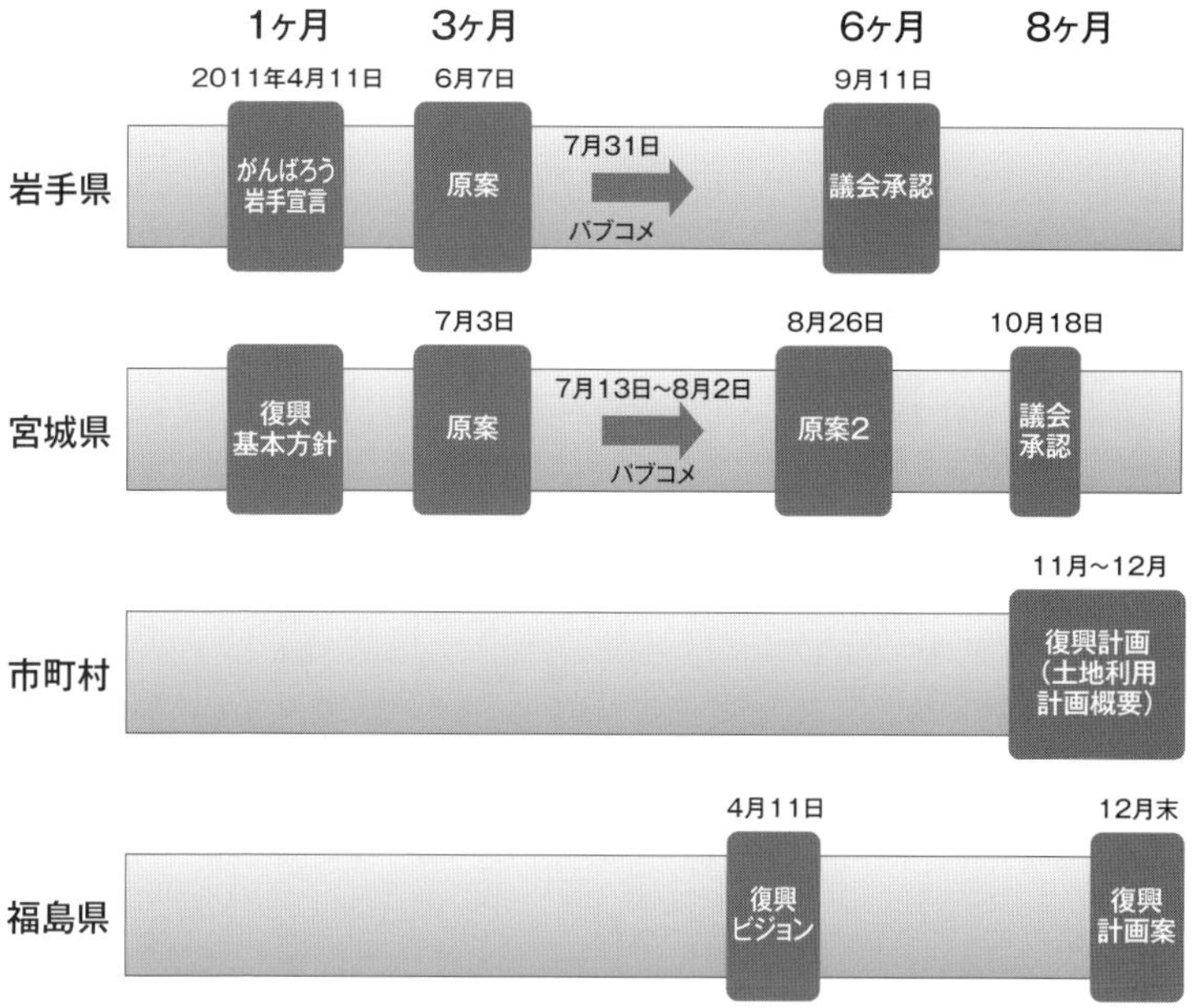

図2-1　東日本大震災後1カ年以内にほぼ完了した復興計画策定

言及はない。

そもそも自治体の復興計画とはどういう意味をもつものなのであろうか、果たして復興計画は本当に必要なのだろうか？東日本大震災の復興では復興基本法に基づき「東日本大震災復興特別区域法」も別途制定され、この法律に基づき地方自治体は自治体の復興計画とは別に事業計画としての「復興整備計画」を策定することになっている。しかし復興計画を策定すれば自治体の復興計画がなくても現実的には復興を行うことは可能である。また、学校や道路の復旧は、それぞれ個別の「事業制度」に基づき実施される。これまでも大きな被害を受けても復興計画を策定せずに復興を成し遂げた自治体も存在する。例えば、阪神・淡路大震災では震源地である淡路島に存在した一一市町村中、五つの市町村では復興計画が策定されていない[ii]。また、二〇〇四年新潟県中越沖地震においても、原子力発電所が立地し財政に余裕がある刈羽村においては、全半壊被災世帯率が約一三％にのぼるにも関わらず復興計画の策定を行っていない。

[2] 復興計画の意味とは

自治体独自の復興計画が無くても復興事業ができるのであれば、復興計画にどんな意味があるのであろうか。この問いに答えるために、そもそも「復興が完了する」ということはどういった状態を指すのか、ということから考えてみたい。日本語には「復旧」という言葉と「復興」という言葉があり、それぞれ以下のように定義される。「復旧＝もと通りになること、もと通りにすること」、「復興＝ふたたび起こること。また、ふたたび盛んになること」（広辞苑）、とされる。「災害復旧」については災害対策基本法の第六章に「災害復旧」という章が設けられており、行政が責任をもって災害復旧を行うことが明記されている。しかしながら、復興とは何かということになると問題は簡単ではない。災害対策基本法で「復興」という言葉が用いられているのは、八条三項「国及び地方公共団体は、災害が発生したときは、すみやかに、施設の復旧と被災者の援護を図り、災害からの復興に努めなければならない」、九七条「著しく激甚である災害（以下「激甚災害」という。）が発生したときは、（中略）被災者の災害復興の意欲を振作するため、必要な施策を講ずるものとする」という二カ所だけである。

「復興とは何か」については、専門家の間でも共通認識が確立されておらず、日本復興学会が「復興とは何かを考える委員会」を設け検討を行っている。この委員会のミッションは、「今後の災害復興の議論をより豊かにかつ生産的なものにするために、復興の概念あるいは、あるべき復興について、これまでに出された主要な論点や、共通認識および主要な対立点などを整理することによって、今後の議論の土台としての共通理解を形成すること」にある。このように復興については、どのようになれば復興した、と言えるのかについては、明確な定義は存在しない。

では、復興計画とはいったい何か？、ということになる。新潟県が策定した「新潟県中越大震災復興ビジョン」は、復興計画を以下のように定義している。「ビジョンは夢と計

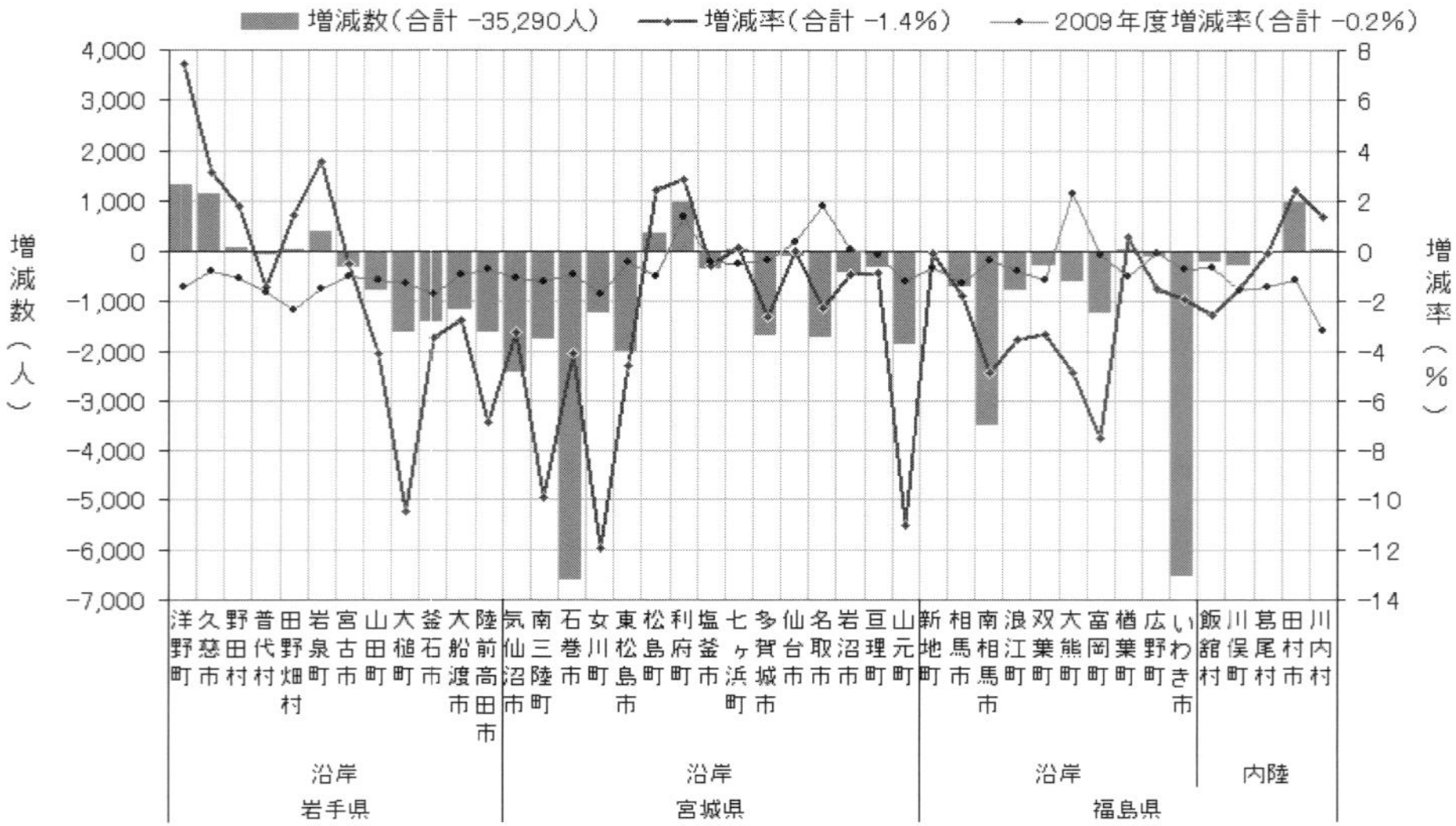

(注)8月31日の人口は毎日新聞が各自治体に尋ねたもの
(資料)毎日新聞2011年9月10日、総務省「住民基本台帳に基づく人口、人口動態及び世帯数調査」

図2-2　東日本大震災後の被災地沿岸域における人口移動変化(2011.3.11~8.31)

画を橋渡しするものである。夢を描くのは個々人であるが、ビジョンは組織、集団が共有する夢の集合でなければならない。このビジョンの中の個々の夢と全体像を具体的な姿、形として実現していく方法、手順を示すのが計画である。」[iii]どういった状態を復興と呼ぶのかということについては、価値観の違いからさまざまな意見が存在すると考えられるが、復興計画の策定を「その地域に住む人・生まれた人・働く人」（ステークホルダー）のこんな「まち」にしたいという「想い」を汲み上げ、「まち復興ビジョン」を共有し、復興計画という実行可能な形式に整理するという復興への「プロセス」と考えることはできないのだろうか？

「状態」ではなく復興の「プロセス」が重要であるということの事例として、二〇〇五年八月末ハリケーン・カトリーナにより市域の八割が水没するという被害を受けたニューオリンズの事例は興味深い。ニューオリンズでは災害から四カ月後の二〇〇六年一月に市長が主導する委員会（Bring New Orleans Back Commision）による復興計画が提示される。しかしながら、計画策定の進め方や提案された土地利用計画に対して、市民の反対の声が大きくなり、市長も最終的に計画を支持しなくなる。その結果、ニューオリンズでは復興計画策定についての空白期間が発生する。その後、議会主導の復興計画（ランバートプラン）の策定や連邦政府機関であるFEMAによる復興計画策定が進められ、いくつかの計画が並立するようになる。こういった状況を打開するためロックフェラー財団の資金を利用し、災害からほぼ一年が経過する二〇〇六年七月にすべての計画を統合する「統合

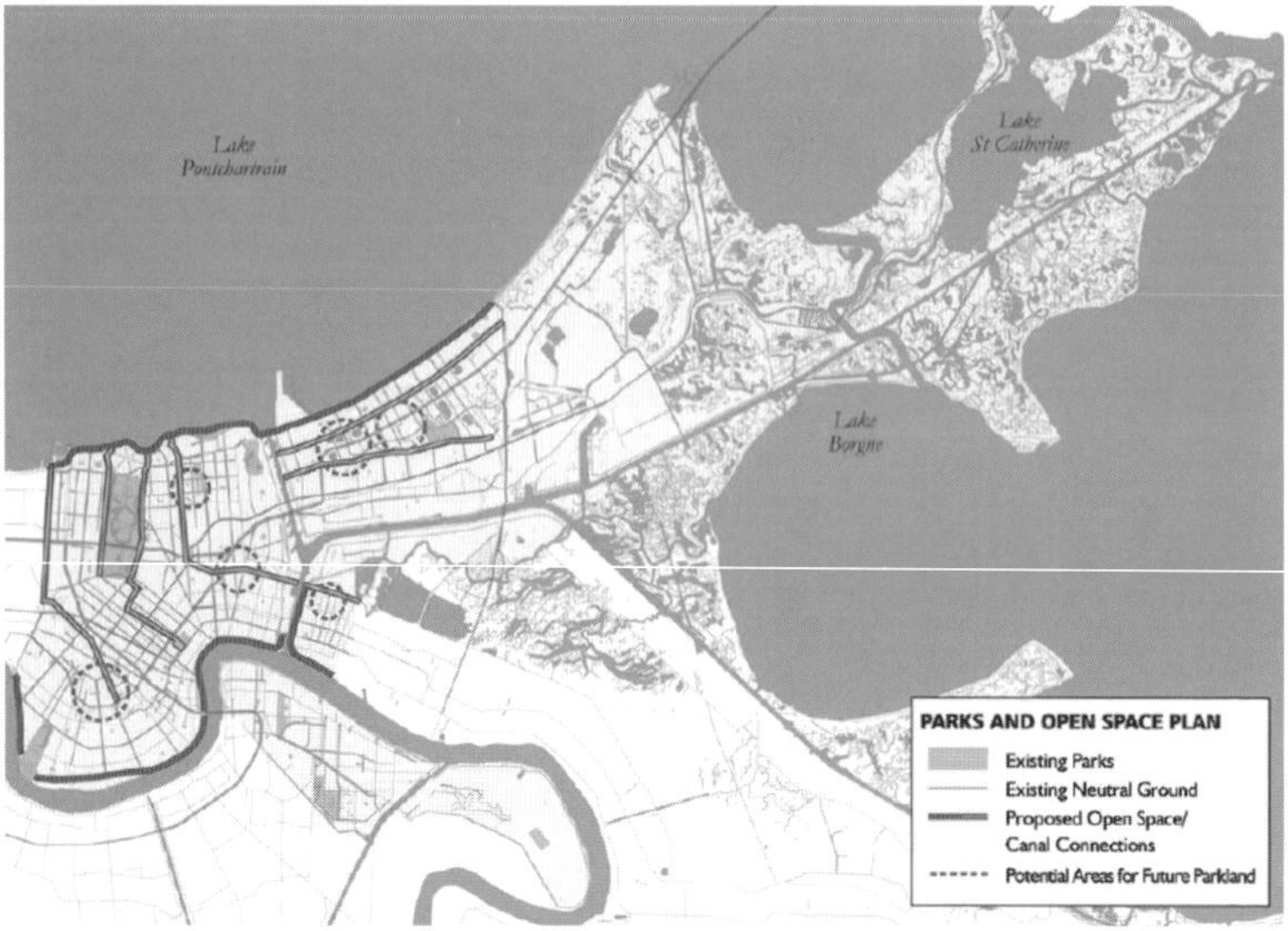

図2-3(1)　ハリケーンカトリーナ被害地域におけるニューオーリンズ復興計画案（BNOC）

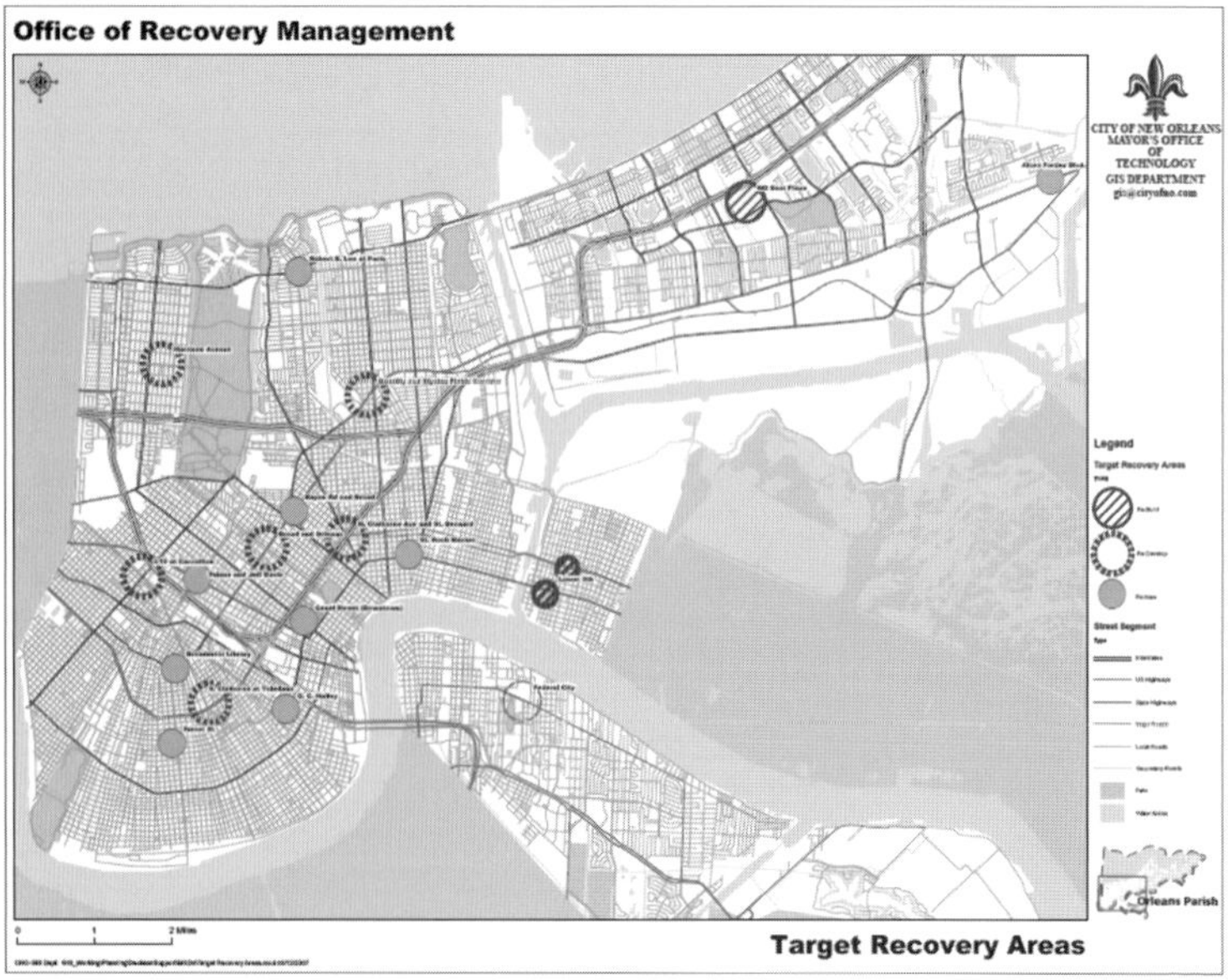

図2-3(2)　ニューオリンズ市復興局による土地利用計画（City of New Orleans）

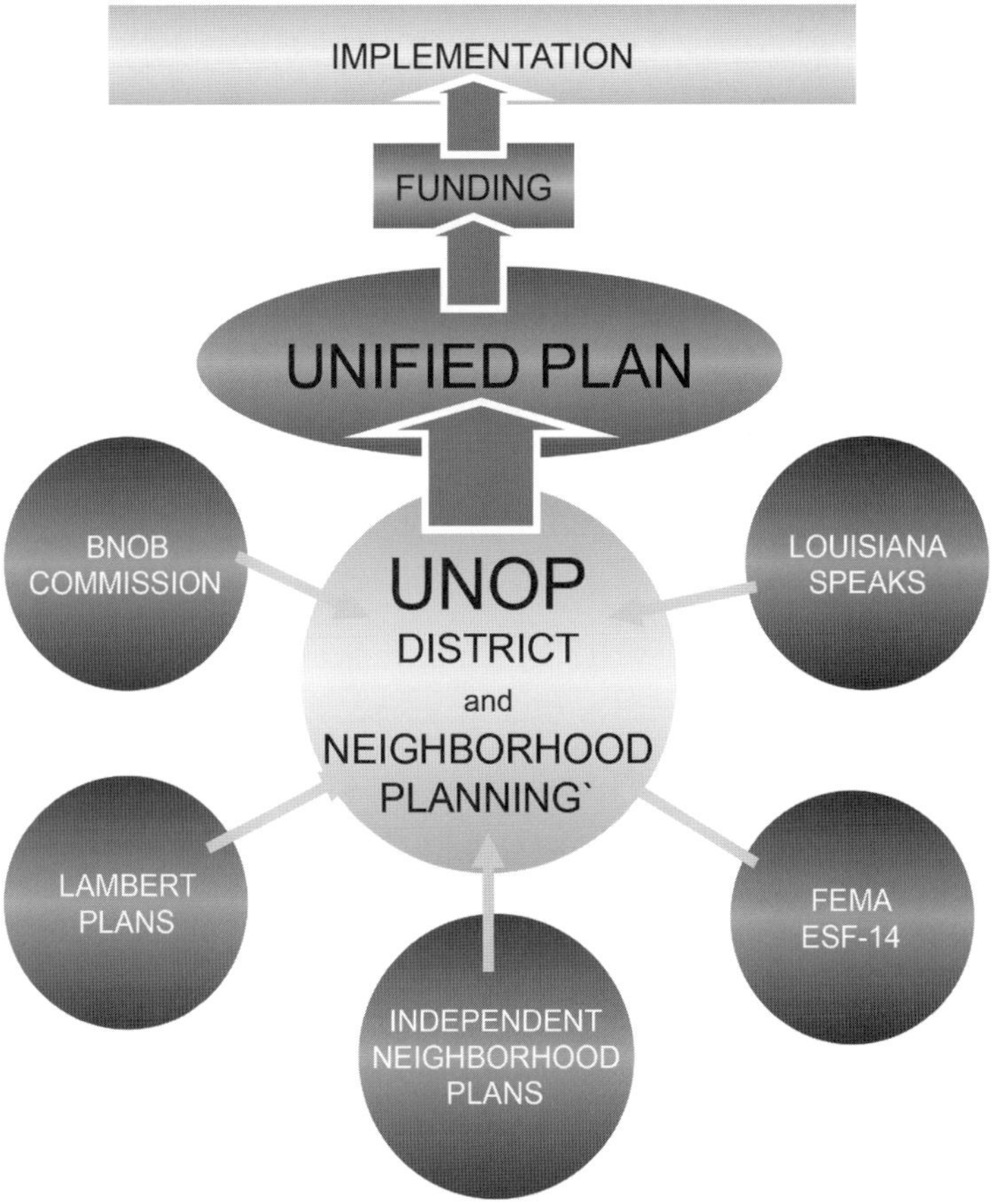

図2-4　総合ニューオリンズ計画の位置づけ(UNOP)

ニューオリンズ計画」(Unified New Orleans Plan, UNOP) を策定することに、市長・議会が同意する。具体的な計画策定は二〇〇六年一〇月~二〇〇七年一月に実施され、州政府・市議会・都市計画審議会等の承認を経て、災害からほぼ二年後の二〇〇七年六月に完成する。その後、UNOPを受け復興局が土地利用計画を二〇〇八年三月に公開する[iv]。しかし、最初の市長の計画、復興局の計画を比較すると土地利用計画についてはほとんど同じである。違うのは計画策定のプロセスだけである。ニューオリンズの事例からわかることは、復興計画の策定とは極論すると「納得」のプロセスであるということになる。

策定プロセスに意味があり、さらに復興計画が無くても事業は進んでいく、というのであれば「復興計画」にはいったいどのような意味があるのだろうか。先述のように復興計画が提示しているのは「組織、集団が共有する夢の集合としてのビジョン」であり、復興後のまちの姿である。したがって「復興計画」の役割は、まちの全体像、復興後にまち全体はこんな姿になるのだ、というビジョンを示すことにある。ビジョンを共有すること無しに個別の事業が進められると、最終的に完成したまちは、統一性のないものとなってしまう。まちにとっては防潮堤、住宅といった構築物だけでなく、まちの活動を支える経済活動も重要な要素である。まち全体としてどのように機能するのか、ということを総合的に示す計画が復興計画なのである。

復興計画のもう一つの役割は、復興とは何か、という統一した状態定義がない以上、どこまで復興が進んだのか、考えた方向に復興は進んでいるのかということの道しるべとしての役割である。これまで経験したことのない道を歩く、という不安感を払拭する上でも復興状況についてモニタリングを行っていくことは重要である。復興モニタリングの指針として復興計画は重要な意味を持つ。そういった意味で岩手県が実施している復興モニタリングは有用である。岩手県は「復興計画に定める復興に向けた三つの原則とそのものとに位置づける十分野の取組ごとに、現状と課題を示す」[v]復興モニタリングを実施している。事業の実施状況だけでなく質問紙調査、統計情報といった客観的な指標も用い、復興計画に描かれた岩手の復興の姿がどれだけ実現されているのか評価を行っている。

　県レベルで見ると、東日本大震災の復興計画は、阪神・淡路大震災と比較しても早いペースで策定された。このことは「納得のプロセス」「関係者の参画」という観点から見ると決して良いことではない。半年に満たない短い時間で原案作成の中で、十分に納得の行く議論は行えたのであろうか。また「関係者の参画」という意味では、岩手県と宮城県は好対照である。岩手県の復興計画は、主として県内の関係者から構成される総勢六〇名で策定された。一方、宮城県の計画は主として県外のメンバーから構成される一二名の委員で策定された。計画策定を「みんなの思いをくみ上げる」というものだとすると宮城県のプロセスは決して望ましいものではない。また、市町村レベルの復興計画策定においても市民の意見を集約するということが十分に行われておらず、宮城県名取市のように事業計画策定の段階において、現地復興という復興の大方針に異議が唱えられるという問題も発生している。また、「今のまま推移すると、基盤整備と住宅の整備が整合的に進んだとしても、

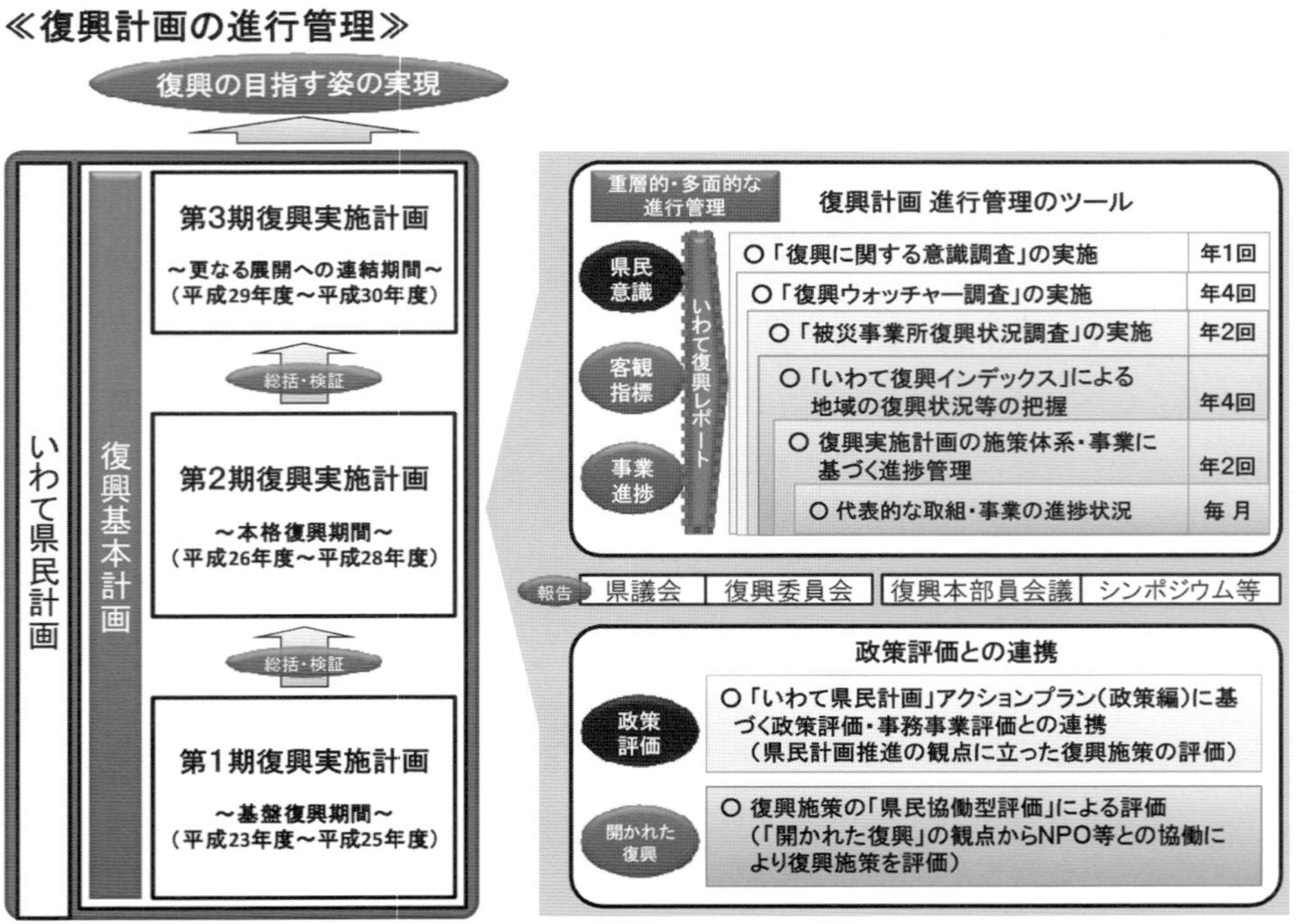
≪復興計画の進行管理≫
復興の目指す姿の実現
いわて県民計画
復興基本計画
第3期復興実施計画
～更なる展開への連結期間～
（平成29年度～平成30年度）
総括・検証
第2期復興実施計画
～本格復興期間～
（平成26年度～平成28年度）
総括・検証
第1期復興実施計画
～基盤復興期間～
（平成23年度～平成25年度）
重層的・多面的な進行管理
復興計画 進行管理のツール
県民意識
客観指標
事業進捗
いわて復興レポート
○「復興に関する意識調査」の実施 年1回
○「復興ウォッチャー調査」の実施 年4回
○「被災事業所復興状況調査」の実施 年2回
○「いわて復興インデックス」による地域の復興状況等の把握 年4回
○ 復興実施計画の施策体系・事業に基づく進捗管理 年2回
○ 代表的な取組・事業の進捗状況 毎 月
報告
県議会
復興委員会
復興本部員会議
シンポジウム等
政策評価との連携
政策評価
○「いわて県民計画」アクションプラン（政策編）に基づく政策評価・事務事業評価との連携（県民計画推進の観点に立った復興施策の評価）
開かれた復興
○ 復興施策の「県民協働型評価」による評価（「開かれた復興」の観点からNPO等との協働により復興施策を評価）

図2-6　岩手県による復興モニタリング調査の役割と機能（岩手県HPより）

その上に人々の生活に必要なソフトウェアが乗らない〈架空のまち〉になりかねない」[vi]という指摘もある。繰り返しになるようであるが、復興計画は無くても個別の復興事業は進んでいく。十分な「納得」のプロセスを経て構築された「総合的なまちづくりビジョン」無しに、個別の復興事業だけが進んでいくという、東北地域の復興の現状を強く危惧する。

2 復興計画と防災計画[vii]

[1] どれだけの被害を受けたら復興計画がつくられるのか?

復興計画が無くても、復興事業は実施されるが、被災した自治体はまずは復興計画を策定する。では、どれだけの規模の災害が発生すれば自治体は復興計画を策定するのであろうか。阪神・淡路大震災で災害救助法の適応を受けた一〇市一〇町（一九九五年当時）の内、復興計画を策定した自治体は八市五町である。復興計画が策定される市部と郡部では被害規模に違いがある。全半壊被災世帯率で見ると、市部では八・二%の川西市が復興計画を策定している自治体の中では最も全半壊被災世帯率が低い自治体であるのに対し、郡部では全半壊被災世帯率一四・七%の旧五色町においても復興計画は策定されておらず、二六・四九%の旧津名町が復興計画を策定している全半壊被災世帯率最小の自治体となっている。郡部の自治体では人的資源も限られており、復興計画策定にまで手が回らないこともー因にあったと考えられる。

その後、発生した二〇〇〇年鳥取県西部地震、二〇〇一年芸予地震では復興計画は策定されていない。鳥取県西部地震で大きな被害を受けた米子市の場合、全半壊被災世帯率二・九四%にすぎず、復興計画は策定されなかった。しかし、郡部において大きな被害を受けた日野町の場合、全半壊被災世帯率は三六・一九%に及ぶが復興計画は策定されていない。鳥取県西部地震では、県独自の公費による解体や住宅再建支援制度が創設されたが、災害後の地域の姿を総合的に示す復興計画は策定されなかった。二〇〇一年芸予地震では、大きな被害を受けた呉市においても、全半壊被災世帯率は〇・四二%であり、復興計画は策定されていない。

しかしながら、二〇〇四年の新潟県中越地震は状況が異なる。新潟県中越地震においては市部では全半壊被災世帯率一・一九%の柏崎市、四・六七%の見附市、四・七二%の栃尾市でも復興計画が策定され、また、新潟県中越地震の復興計画のほとんどは「総合計画型」の計画内容をもっている。これは、阪神・淡路大震災から一二年が経過し、阪神・淡路大震災の復興の教訓が整理され、総合的な復興計画の必要性が社会に定着したことの成果とも考えられるが、実際は、新潟県中越地震後、復興計画を策定した自治体のほとんどは次年度に市町村合併を控えていた。市町村合併に伴い新たに「総合計画」を策定する必要があったことが、それほど被害を受けていない自治体においても「総合計画型」の復興計画が策定されたことの背景にあると考える。長岡市に吸収されるような形式で合併が行われる自治体の復興計画には合併前の地域の問題をしっかりと記述しておこうという意図が見られる。栃尾市の復興計画には以下のように書かれている。「栃尾市は長岡市との合併を控えていますが、広大な市域を有することになる新しい長岡市の中でも、これらの問題に取組みながら、育まれてきた地域の個性を大切にした活力のある『栃尾』として将来に受け継いでいくことが重要となります」[viii]。中越地震において、合併と全く関係なく復興計画を策定したのは川口町、小千谷市（ただし総合計画二〇〇五年度まで）であり、全半壊被災世帯率はそれぞれ七一・七八%、二八・三六%となっている。

合併をひかえている地域であるという、新潟県中越地震を特殊事例と考えると、市部においては全半壊被災世帯率が八%を超える場合には復興計画の策定が行われ、郡部については人的資源が限られていることもあり、全半壊被災世帯率が三割を超えるような被害が発生した場合には、復興計画が策定される。しかしながら、東日本大震災ではまた少し様相が異なっており、全半壊世帯率が一・八%にすぎない岩手県久慈市でも復興計画が作成されている。これは特定の地域が壊滅的な被害を受けるという津波災害の特徴をふまえたものであると考えられる。

[2] 被害程度と復興計画の内容

阪神・淡路大震災では、先述のように八市五町、さらに兵庫県で復興計画が策定された。兵庫県・神戸市の復興計画の特徴として「都市の再建」「被災者の生活再建」「経済再建」の三つの目標を掲げた「総合的な計画」となっていることがある。神戸市同様に大きな被害を受けた芦屋市、西宮市の復興計画も同様に「総合的な計画」となっている。

しかしながら、阪神・淡路大震災ではそれほど大きな被害を受けていない自治体でも復興計画が策定されている。例えば、川西市の復興計画は、①災害に強いまちづくり、②公共施設の復旧・整備方針、③被災市民の生活援護及び産業の復興方針、の三つの項目から構成され、「市総合計画を災害に強いまちづくりの観点から検証し、補完するもの」[ix]と位置づけられる。それほど大きな被害を受けていない自治体の復興計画は、「防災まちづくり」〈①災害に強いまちづくり〉、「復旧計画」〈②公共施設の復旧・整備方針〉、〈③被災市民の生活援護及び産業の復興方針〉から構成される、「防災まちづくり＋復旧」計画型の復興計画となっている。十分に時間をかけて作成された「総合計画」の将来ビジョンを復興ビジョンとし、災害の教訓をふまえた「防災まちづくり計画」と、災害からの「復旧計画」、計画を内容とする計画を復興計画として策定するという川西市の「防災まちづくり＋復旧」計画型の復興計画は、市の将来ビジョンの見直しを必要とするような壊滅的な被害に見舞われていない自治体における復興計画の一つのあり方と考えられる。これは、それほど大きな被害を受けていなくても復興計画が策定されるようになった阪神・淡路大震災で生まれた新たな復興計画の姿である。

一方、尼崎市、宝塚市については、半壊以上の被害を受けた世帯が市全体の五分の一から四分の一に及び、震災が地域に与えた影響は非常に大きく、これまでの施策の抜本的な見直しが必要となった。しかし、この二市の復興計画の内容は対照的であり、尼崎市の計画は、基本的には「防災まちづくり」〈2－1　二一世紀に向けた災害に強いまちづくり、2－2　防災体制の整ったまちづくり〉、「復旧計画」〈1－1　市民生活と事業活動の復興、1－2　公共施設等の復興〉から構成されている。〈1－3　面的整備地区の復興〉の箇所では、若干、新たなまちづくり事業が掲載されているが、尼崎市の将来ビジョンの見直しにつながる内容ではなく、基本的には「防災まちづくり＋復旧」計画型の計画となっている。一方、宝塚市の計画は、「防災まちづくり＋復旧」計画〈「災害に強い都市の創造」〉に加え、「快適都市の創造」「共生社会の創造」「新しい宝塚文化の創造」といった内容も含み、「都市の再建」「被災者の生活再建」「経済再建」の三つの目標を含む「総合的な計画」となっている。

尼崎市の計画が「防災まちづくり＋復旧計画」となっている背景には、「担当職員の思いは、できるだけ早く、市民の生活を元に戻すための事業に力を注ぐべきで、震災直後からマスコミを賑わす、まるで今までできなかった事業をこの機に乗じてやってしまおうと言わんばかりの復興事業に目を奪われたくないということであった。」[x]という想いがあった。こういった考えをもったことを非難することはできないが、一度災害に見舞われると、残念ながら、災害前と全く同じ社会に戻ることは不可能であるという現実をふまえると、災害を「よりよい社会を創り出す契機」と捉えるような考えを持つことも、重要であると考える。

［3］防災における復興の位置づけ

ここまで見てきたように、復興計画には「総合計画」「防災まちづくり＋復旧計画」という二つのパターンが存在する。復興計画の大きな目標として「二度と同じ被害に見舞われない」ことがある。「総合計画型」「防災まちづくり＋復旧計画型」のいずれの場合を見ても、防災については内容が含まれる。防災の基本的な概念として「防災のサイクル」と呼ばれる考え方がある。「災害対応」→「復旧・復興」→「被害抑止」→「被害軽減」を一連の流れとして防災対策を定義するもので、防災を考える場合の世界標準となっている。災害対応（response）は命を守るための対策の「緊急対応」（emergency response）と「応急対応」（relief）から構成される。応急対応とは災害後に避難所で行われる最低限の寝る場所の確保、食料・水の提供という対応である。応急対応の目的は最低限の生活を確保することにあり、通常、住まいを失った人だけでなく、水・ガス等の供給がストップしたため自宅では生活することができない「被災地」に住むすべての人々を対象に支援が行われる。阪神・淡路大震災での最大避難数は三二万人となっているが、これは避難所で寝泊まりした人の数では無く、避難所で配布された弁当の数である。そのため神戸市では、避難者数とは別に就寝避難者数という数字を別途公表していた。避難所は住宅を失った人のシェルターだけでなく地域の災害対応拠点という位置づけも持つ。住宅被害の有無にかかわらず、被災地に住む人々はライフラインの停止等による影響を受けており、応急対応は被災地に住むすべての人々を対象に実施されるべきものである。そういった意味で、東日本大震災におい

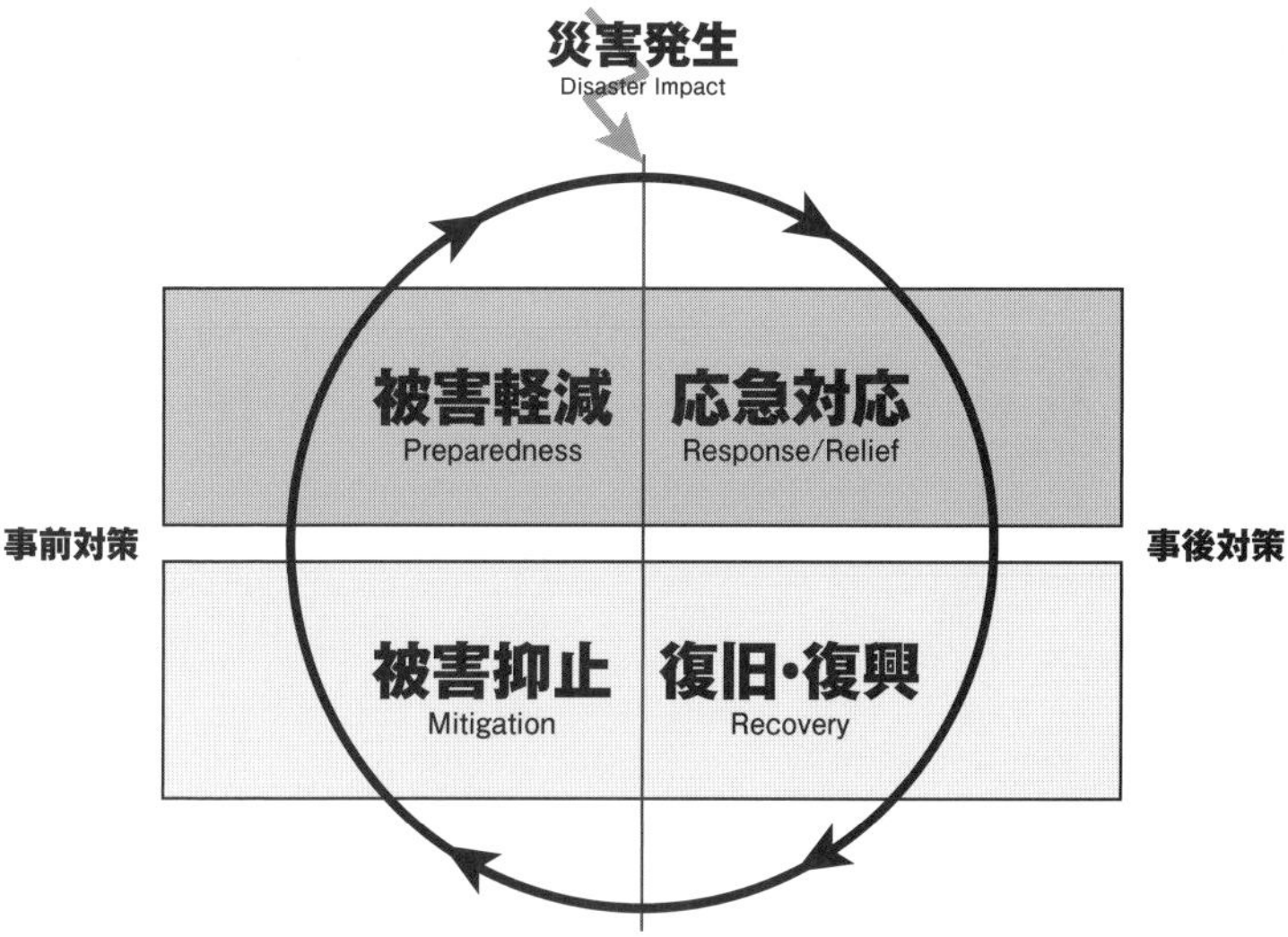
災害発生
Disaster Impact
被害軽減
Preparedness
応急対応
Response/Relief
事前対策
事後対策
被害抑止
Mitigation
復旧・復興
Recovery

図2-7　防災のサイクル

て「在宅被災者」と避難所の「被災者」を分けて取り扱ったことは、適切な対応とは言えない。日本では「災害救助法」に基づき応急対策が実施されるのであるが、同法が規定する応急仮設住宅の建設は、応急対応とは異なり住宅を失った人々を対象とするものであり、本来的には「復旧・復興」のための活動の第一ステップである。

「復旧・復興」が終了すると、次の災害が発生するまでの間、事前対策として、一般的にはハード対策と呼ばれる「被害抑止」対策とソフト対策と呼ばれる「被害軽減」対策が行われる。このサイクルを回していくことで、地域の防災力を上げていくというのが「防災のサイクル」である。日本では復興計画と防災計画は別の計画として位置づけられているが、復興計画の中に必ず災害に強いまちづくりの内容が含まれ、また防災には復興も含まれることからも分かるように、本来は不可分のものなのである。

3●被害想定と防災計画vii

【1】津波シミュレーションと復興まちづくり

防災計画策定の最初のステップは地域の被害想定であり、復興計画は防災計画の一部であり、災害に強いまちとして復興するために防潮堤、土地利用計画策定に津波被害想定が使われたことは、東日本大震災の復興において評価できる。想定される津波の高さには、数十年から百数十年に一度程発生するレベル1の津波、数数百年から千年に一度程発生するレベル2という二つのレベルの津波が存在する。レベル1の津波はこれまで東北地方を襲った明治三陸、昭和三陸、チリ津波、想定宮城県沖地震に伴う津波、そして高潮の中で最も高いものが想定津波高として選択される。地域ごとに最大値は異なり、三陸沿岸では明治三陸、仙台平野では高潮の水位が最も高くなるところも存在する。レベル2の津波としては今回の規模の津波が想定津波として想定される。

津波被害想定に基づく土地利用計画策定は「評価」されると書いたが、その一方で防潮堤の高さ、さらには土地利用計画策定についてさまざまな混乱が生じていることも事実である。混乱が生じている原因は、被害想定に基づき計画を策定しているからではなく、被害想定の使い方が間違っていることに起因する。また被害想定を実施する前に、対策が定められていることが問題である。東日本大震災からの復興事業では想定津波に対する対策方針は以下のように定められている。

「津波防護レベル（津波レベル1）＝海岸保全施設により人命及び資産を守る。海岸保全施設の設計には津波防護レベル（津波レベル1）を用いる」

「津波減災レベル（津波レベル2）＝津波防護レベルをはるかに上回り、構造物による対策の限界を超過する津波に対して、人命を守るために必要な最大限の処置を行う」

具体的には津波レベル1を防ぐためには、想定水位＋一メートルの高さで防潮堤を建設し、津波レベル2で津波の対策としては海岸部の土地利用規制を行う。

問題となるのは、防潮堤の設計にはレベル1の津波、土地利用計画の策定にはレベル2

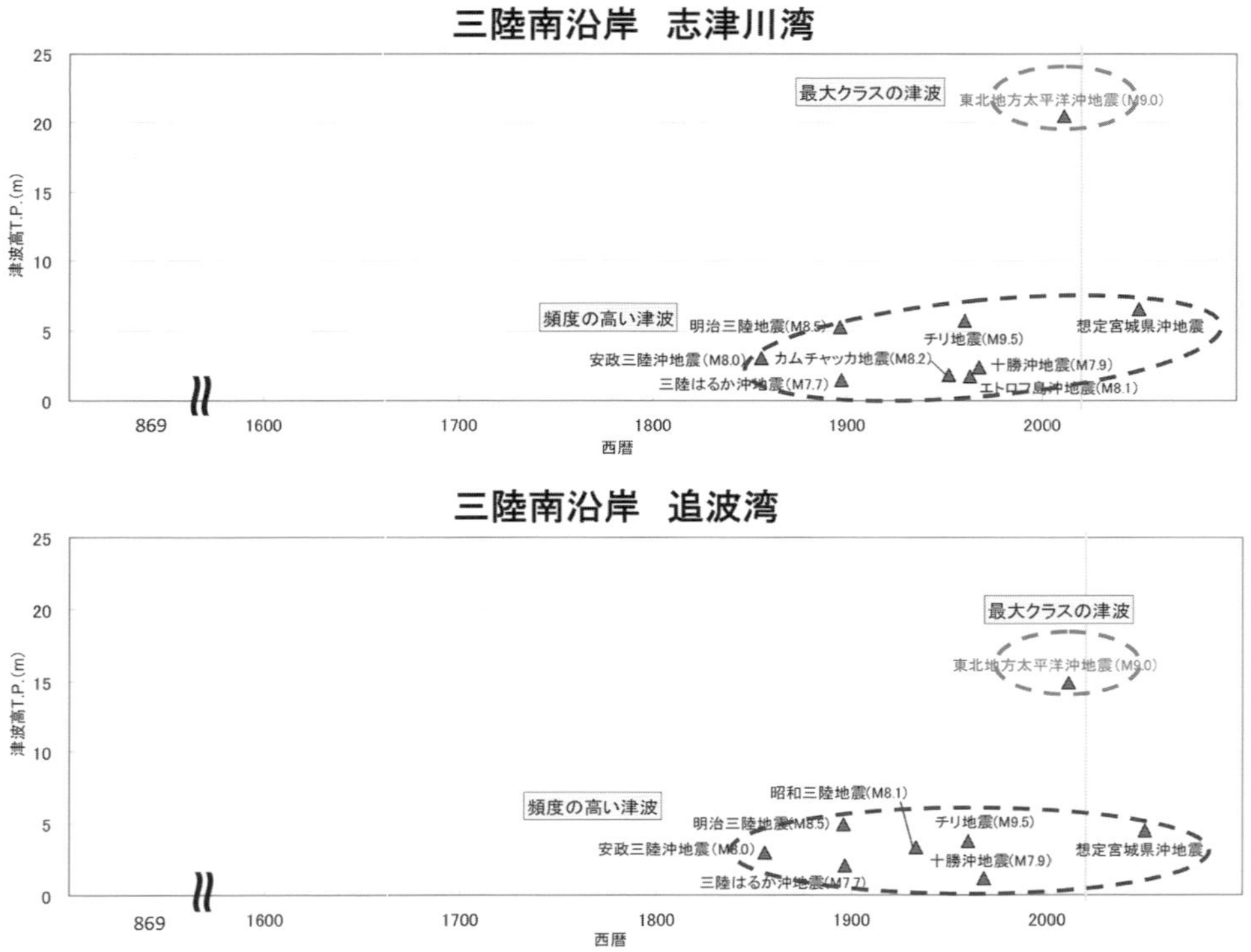

注）過去の津波については、当該地域海岸で痕跡高の数値記録があるものは全て表示。

図2-8　レベル1津波の設定（岩手県、岩手県沿岸における海岸堤防高さの設定について[第2回]、平成23年10月）

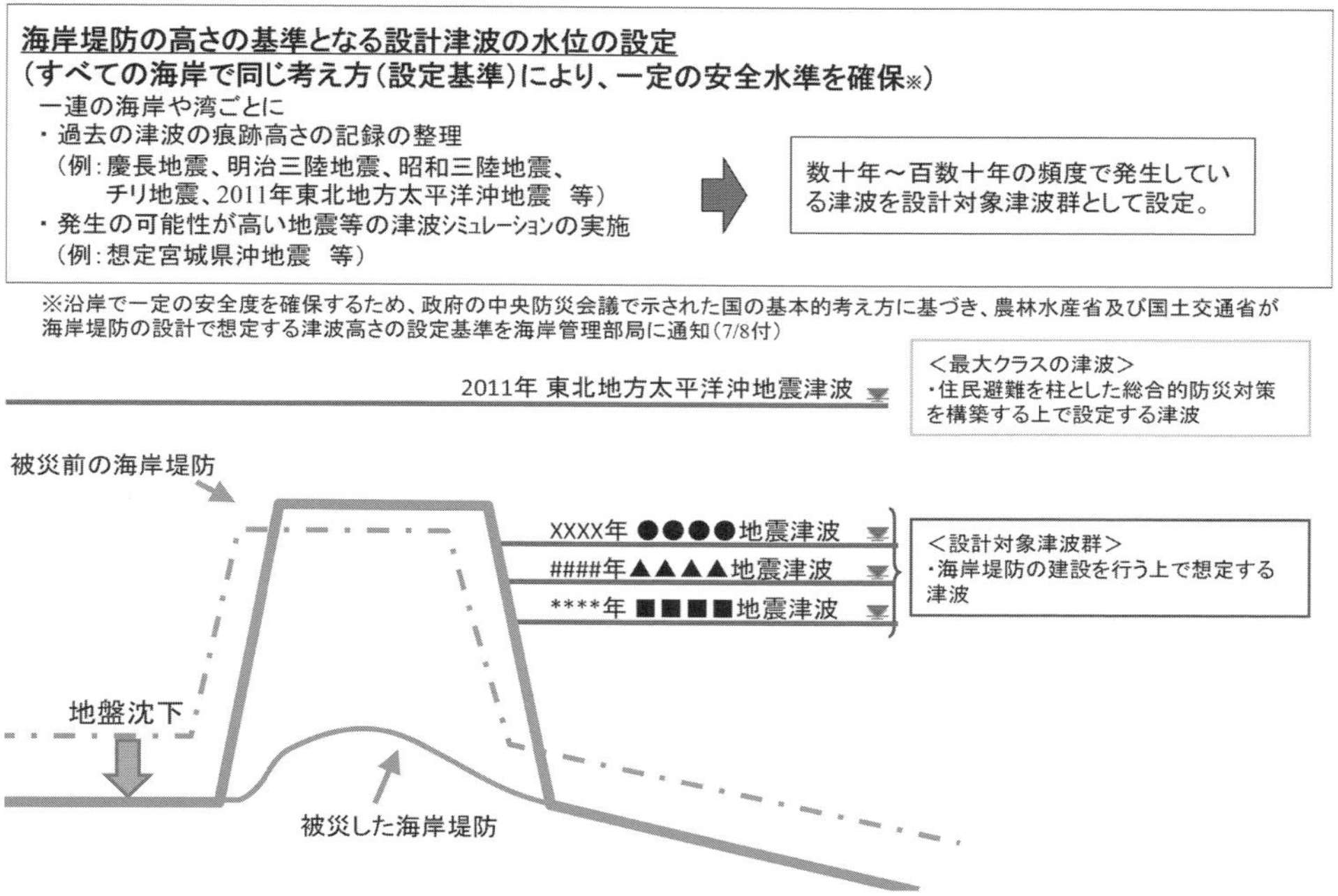
海岸堤防の高さの基準となる設計津波の水位の設定
（すべての海岸で同じ考え方（設定基準）により、一定の安全水準を確保※）
一連の海岸や湾ごとに
・過去の津波の痕跡高さの記録の整理
（例：慶長地震、明治三陸地震、昭和三陸地震、
チリ地震、2011年東北地方太平洋沖地震　等）
・発生の可能性が高い地震等の津波シミュレーションの実施
（例：想定宮城県沖地震　等）
数十年～百数十年の頻度で発生している津波を設計対象津波群として設定。
※沿岸で一定の安全度を確保するため、政府の中央防災会議で示された国の基本的考え方に基づき、農林水産省及び国土交通省が海岸堤防の設計で想定する津波高さの設定基準を海岸管理部局に通知（7/8付）
2011年 東北地方太平洋沖地震津波
<最大クラスの津波>
・住民避難を柱とした総合的防災対策を構築する上で設定する津波
被災前の海岸堤防
XXXX年 ●●●●地震津波
####年▲▲▲▲地震津波
****年 ■■■■地震津波
<設計対象津波群>
・海岸堤防の建設を行う上で想定する津波
地盤沈下
被災した海岸堤防

図2-9　海岸堤防の設計手法（岩手県、岩手県沿岸における海岸堤防高さの設定について［第2回］、平成23年10月）

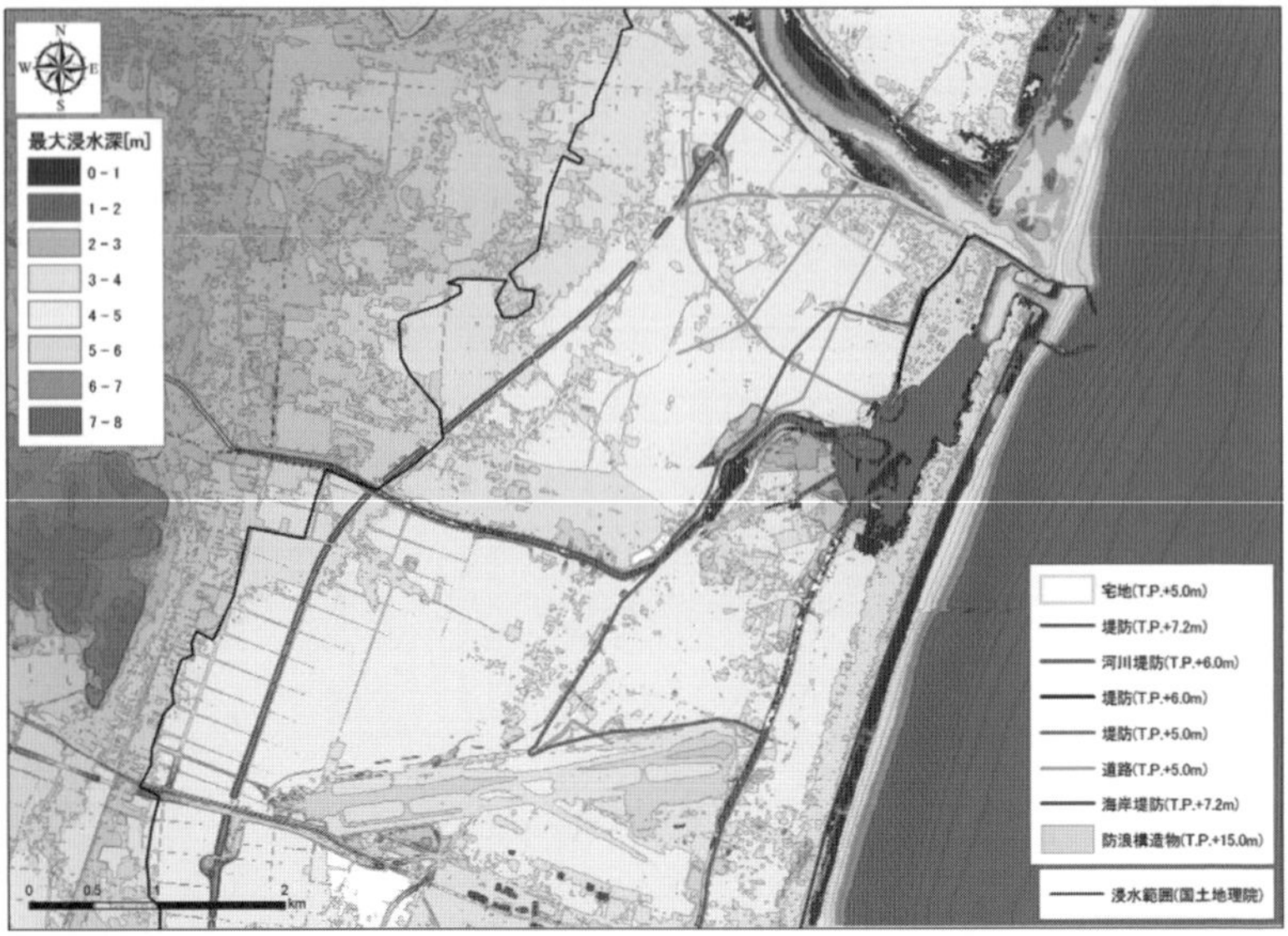

津波シミュレーション結果（明治三陸沖（1896年）地震の津波を再現）津波防護レベル（レベル1相当）

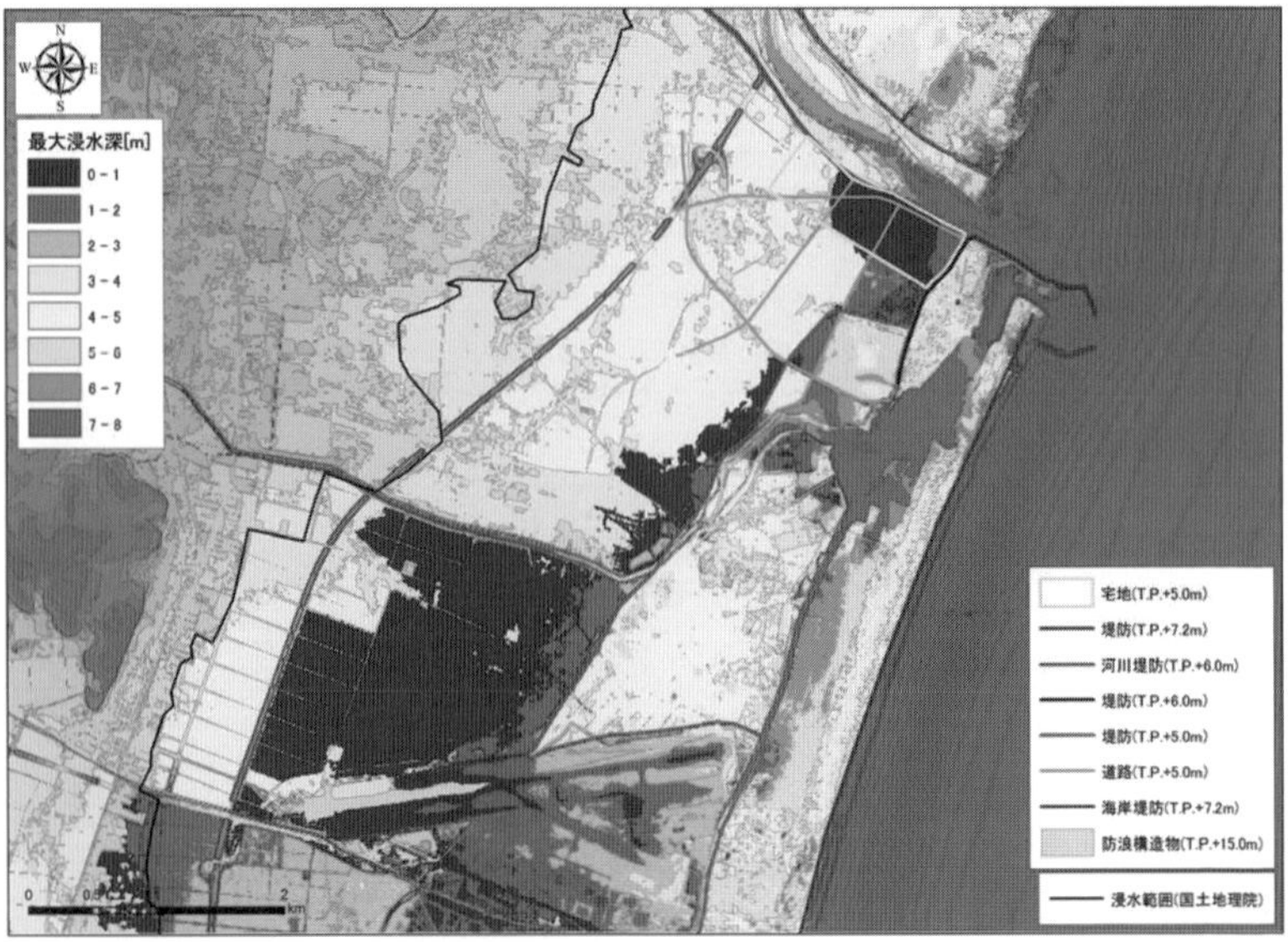

津波シミュレーション結果（2011.3.11の津波を再現）津波減災レベル（レベル2相当）

図2-10　海岸部における土地利用規制の検討（名取市、名取市復興計画、平成23年10月）

の津波というように、対策ごとに想定津波が異なっていることである。土地利用計画を策定するためにはどこまで浸水するのかという情報が必要となり、新たにレベル1に対応する防潮堤が建設されたという前提で津波浸水シミュレーションが実施される。しかし、レベル2の津波に備えて土地利用規制をするのであれば、レベル1の津波に備えた防潮堤はもう少し低くても良いのではないか、という疑問が出てくる。また、レベル2の津波のシミュレーションによる浸水エリアを絶対的なものと考え、土地利用の線引きを行っていることも問題である。震源域、さらには津波を発生させる「すべり域」が変われば当然のことながら、津波の浸水域は変化する。また、建物が建つことにより浸水域も変化する。

構造物を設計するためには、ある決まった外力の設定が必要になり、想定津波を一つに決める必要がある。しかし、さまざまな対策を組み合わせて行う総合的な防災対策を考える場合では被害想定の使い方が異なる。構造物を設計するように外力を絶対のものとして、本来は総合的に考える必要がある防災対策を設定しようとしていることが問題なのである。レベル1の津波、レベル2の津波の浸水深さを「参考」に、防潮堤、土地利用規制、避難といったさまざまな防災のツールを組み合わせて対策を検討することが、本来あるべき被害想定に基づく防災まちづくりの姿である。

東日本大震災の被災地だけでなく南海トラフの地震・津波の想定被災地でも、被害想定に基づいた防潮堤の建設、土地利用規制についての検討が行われる必要がある。発生確率という観点から見ると南海トラフでの巨大地震による津波防災対策の優先度はきわめて高いといえる。

［2］被害想定に基づく防災計画[xi]

防災計画を策定するためには、被害想定は、計画策定の前提となる。最初にどれだけの被害が発生するのかについて明らかにする必要があり、通常、被害想定項目は、ハザード（地震動、液状化危険度、津波等）、建物被害、地震火災、人的被害（死傷者、避難者等）、ライフライン（電力、上水道、ガス等）及び交通輸送手段（道路、鉄道他）への影響といった内容である。しかしながら、防災対策を立案するためには、被害だけでは不十分である。社会にどういった影響が発生するのかということについても知る必要がある。先進的な自治体では「被害シナリオ」の設定を行っている。京都市では、①発災～十二時間（情報空白期～情報混乱期）、②発災～百時間（救命・救助期）、③百～千時間（被災地応急対応期～回復期）、④千時間～一年後（復旧期・復興期）に区分し、どういった社会的影響が発生するかについての分析が、被害想定として行っている。

被害想定には、地域に住む人々に対してこういった被害、さらには社会的な影響が発生するということを示して、防災に対する関心を高めるという側面もあるが、防災計画という観点から見ると、被害想定は防災対策の進捗状況の管理を行う上で、重要な役割を任う。防災のため、計画と一般の計画との最も大きな違いは、防災対策の効果は災害に見舞われるまで測定ができないということである。そのため防災計画の進捗管理を行うことは難しく、被害想定は防災計画の進捗管理を行う上で重要なデータとなる。防災計画の進捗管理を行うためには、人的被害・経済被害だけでなく、計画の各目標（地域の防災力、災害対応能力等）ごとの達成度として、測定できるような被害想定いついて実施することも必要である。

被害想定結果に基づき、防災計画の進捗管理を実施している事例として、東海地震、東南海・南海地震の地震防災戦略がある。東南海・南海地震の防災戦略は、一〇年間で、死者・経済被害の半減を目標とするものであり、三年ごとに達成状況のフォローアップを実施することになっている。三年経過後で実施されたフォローアップによると、人的被害についていては八四％（一七、八〇〇人→一五、〇〇〇人）、経済被害についていては九一％（五七兆円→五二兆円）となっている。人的被害の減少に大きく貢献しているのは、津波避難意識の向上という項目であり、目標値である五〇％削減（四、四〇〇人減）に対してすでに四一％減（一、八〇〇人減）を達成している。経済被害については、資産喪失、特に住宅の耐震化による効果が大きく目標値である五〇％削減（一九兆円減）に対して約二〇％（三・九兆円減）を達成している。

実際に、津波避難意識が上昇しているのかどうかについては、別途検証する必要はあるが、津波避難意識の向上という目標を達成するための対策として、①津波ハザードマップの作成支援、②津波防災訓練の実施、③自主防防災組織の育成・充実という施策を実施し、そのアウトカムとして四一％の人的被害の軽減という評価を行っている仕組みは、実効性

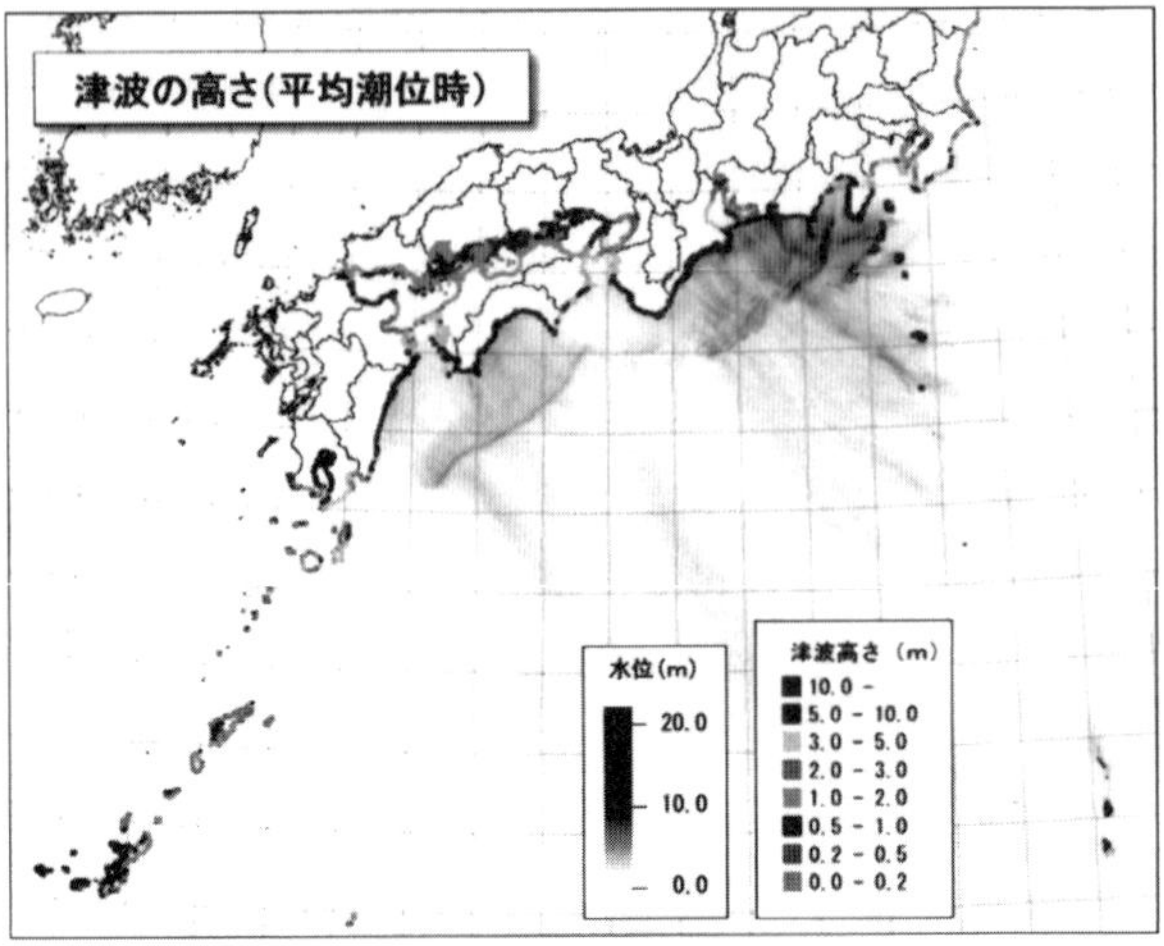

津波の高さ（平均潮位時）
【ケース①「駿河湾～紀伊半島沖」に大すべり域を設定】

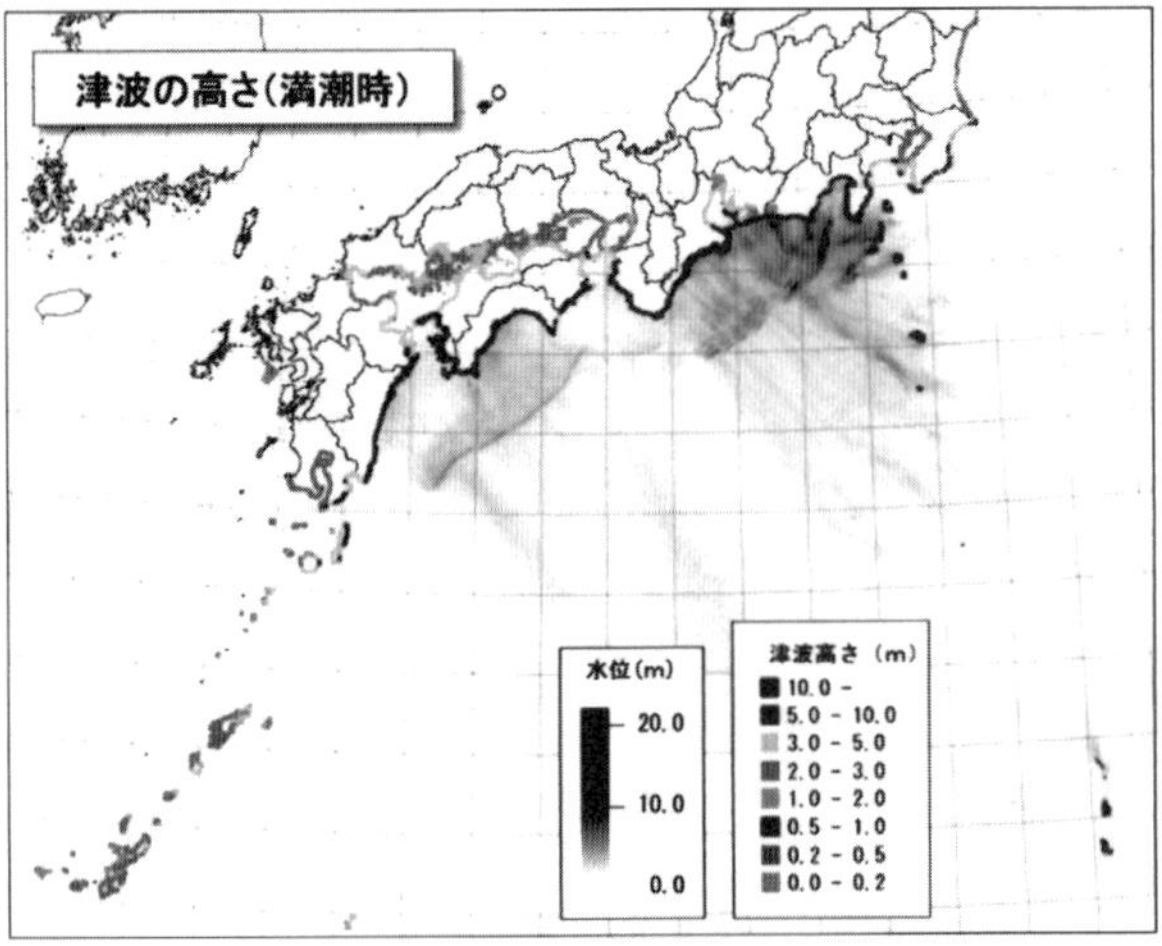

津波の高さ（満潮時）
【ケース①「駿河湾～紀伊半島沖」に大すべり域を設定】

図2-11　南海トラフ巨大地震による津波高予想
（【ケース①「駿河湾～紀伊半島沖」に大すべり域を設定】）
（内閣府南海トラフの巨大地震モデル検討会、
震度分布・津波高について［第一次報告］、平成24年3月31日）

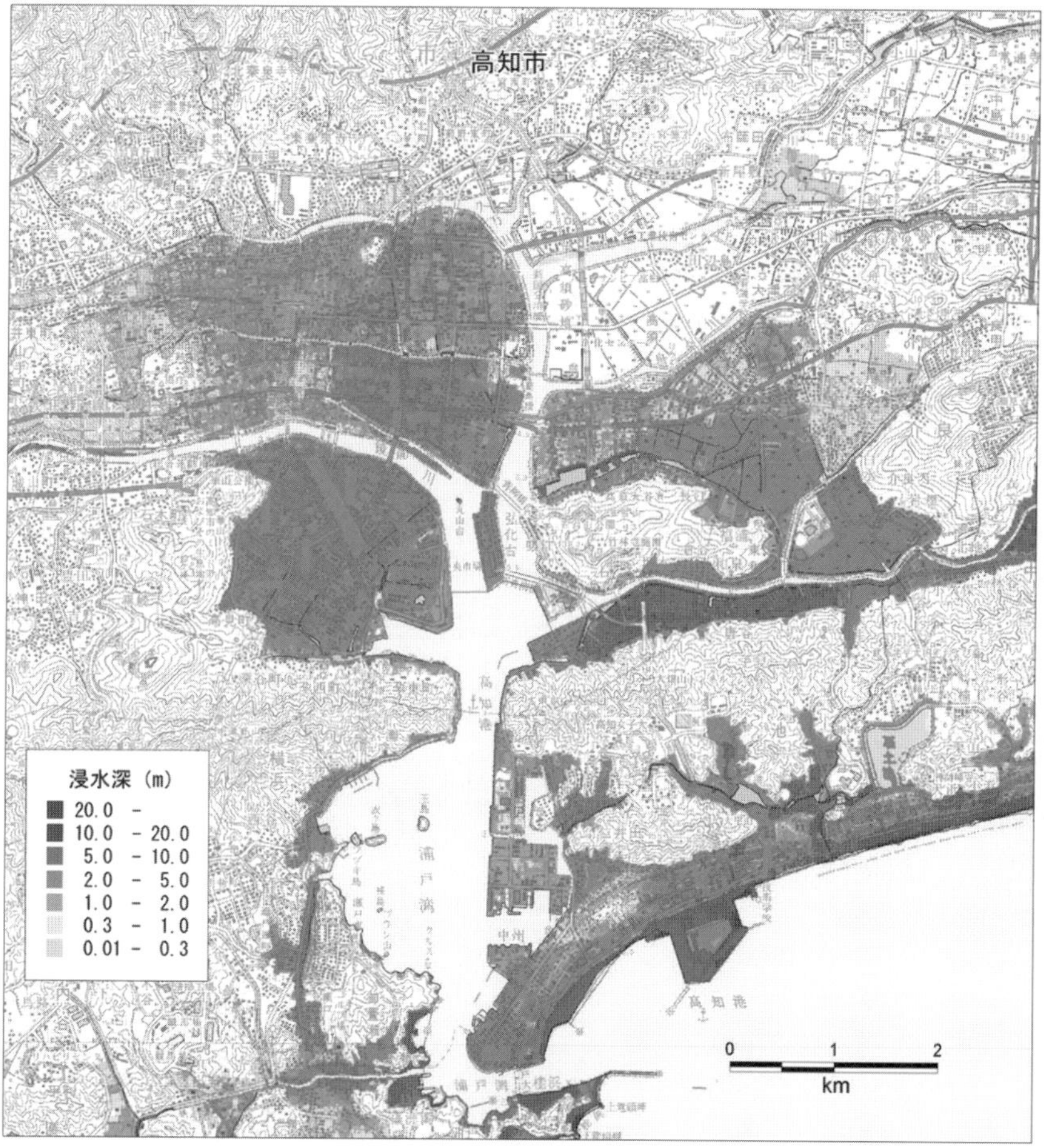

図2-12　南海トラフ巨大地震による高知市の津波浸水予想
（【ケース④「四国沖」に大すべり域を設定、堤防条件：津波が乗り越えたら破堤する】）
（内閣府南海トラフの巨大地震モデル検討会、震度分布・津波高について
[第二次報告]追加資料、平成24年8月29日）

のある対策を実施するという面で重要な取り組みである。

政府は東日本大震災をふまえ、南海トラフの巨大地震について想定される最大クラスの地震・津波シナリオに基づく想定を新たに実施した。その結果、大きな揺れのエリアが拡大したこと、津波高が大きくなったことから、人的被害・経済被害が拡大し、人的被害については最大三二万人、経済被害については二二〇兆円にのぼるという結果が公表された。この被害想定では対策の効果についても同時に検討されており、適切な津波避難が実施されると死者が九割減、耐震改修を進めることにより資産被害を五割以上削減することが可能になるという結果も同時に示されている。

被害想定結果が公表されると被害の大きさにばかり関心が集まるが、被害想定はあくまである一定の条件下で発生する可能性がある被害を示したものであり、条件が変わると被害量も変化する。被害想定結果は市民の防災に対する関心を喚起するという機能も存在するが、本来は、防災対策の進捗管理を行う上で重要な意味を持つものである。

4 総合計画と防災[xii]

[1] 持続的発展可能な防災

D・S・ミレッティ[xiii]は、今後の防災対策のあり方として、「持続的発展可能な防災」(Sustainable Hazard Mitigation) という考え方を提案している。この考え方は米国での防災研究に関する二回目のアセスメントの成果であり、日本でも「防災」を考える上でも重要な意見を持つ。「持続的発展可能な防災」とは、災害に見舞われ地域の持続的発展が阻害されることがないようにしようとする考え方であり、「持続的発展可能な防災」を達成するためには以下の六つの要素が必要であるとしている。①環境の質を維持し、高める〈環境〉、②生活の質を維持し、高める〈生活〉、③地元の災害抵抗力と防災に対する責任感を高める〈地元の主体性〉、④地元の経済活動を維持し、活発にすることが不可欠である〈経済活動〉、⑤世代内、世代間の公平性を確保する〈長期的展望〉、⑥合意形成を基本とし、地元から始める〈住民参加〉。

現在、自治体で地方自治法に基づき策定されている総合計画は、〈地元が主体〉となり、〈住民参加〉型でその地域の〈環境〉、〈生活〉、〈経済開発〉等に関わる〈長期的な展望〉をもった計画であるマスタープランの構築が行われている。こういったマスタープランは、先述の六要素（環境、生活、地元の主体性、経済活動、長期的展望、合意形成）を含むものであり、前記の六要素を満たす防災計画を策定するためには、防災計画が、その地域の長期開発計画であるマスタープランと整合性をもつことが重要である。

[2] カリフォルニア州の総合計画

カリフォルニア州では一九三七年以降、あらゆる市と郡にマスタープラン（現在のジェネラルプラン）の策定が義務づけられている。ジェネラルプランの特徴として福川[xiv]は、

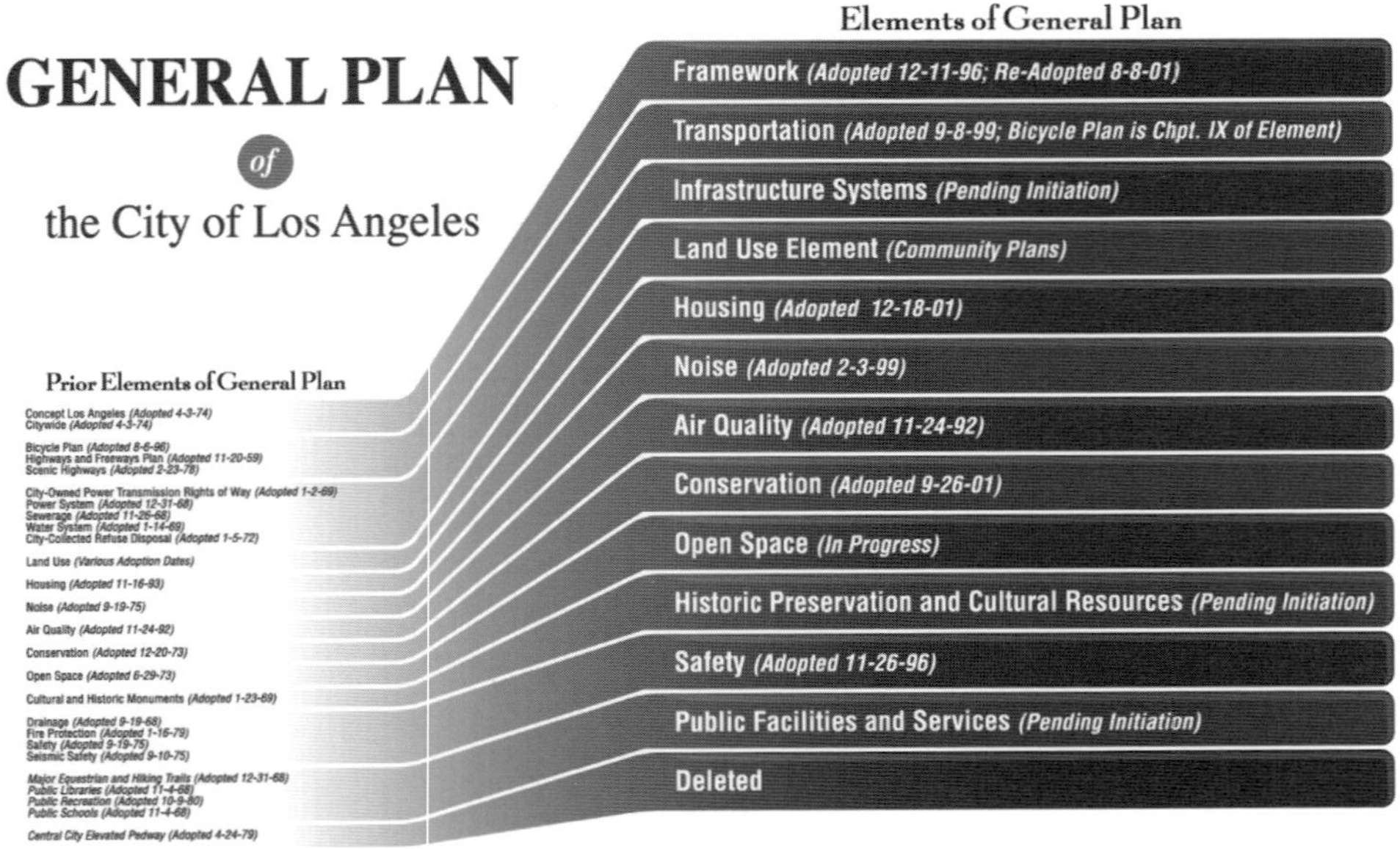
GENERAL PLAN
of
the City of Los Angeles
Prior Elements of General Plan
Concept Los Angeles (Adopted 4-3-74)
Citywide (Adopted 4-3-74)
Bicycle Plan (Adopted 8-6-96)
Highways and Freeways Plan (Adopted 11-20-59)
Scenic Highways (Adopted 2-23-78)
City-Owned Power Transmission Rights of Way (Adopted 1-2-69)
Power System (Adopted 12-31-68)
Sewerage (Adopted 11-26-68)
Water System (Adopted 1-14-69)
City-Collected Refuse Disposal (Adopted 1-5-72)
Land Use (Various Adoption Dates)
Housing (Adopted 11-16-93)
Noise (Adopted 9-19-75)
Air Quality (Adopted 11-24-92)
Conservation (Adopted 12-20-73)
Open Space (Adopted 6-29-73)
Cultural and Historic Monuments (Adopted 1-23-69)
Drainage (Adopted 9-19-68)
Fire Protection (Adopted 1-16-79)
Safety (Adopted 9-19-75)
Seismic Safety (Adopted 9-10-75)
Major Equestrian and Hiking Trails (Adopted 12-31-68)
Public Libraries (Adopted 11-4-68)
Public Recreation (Adopted 10-9-80)
Public Schools (Adopted 11-4-68)
Central City Elevated Pedway (Adopted 4-24-79)
Elements of General Plan
Framework (Adopted 12-11-96; Re-Adopted 8-8-01)
Transportation (Adopted 9-8-99; Bicycle Plan is Chpt. IX of Element)
Infrastructure Systems (Pending Initiation)
Land Use Element (Community Plans)
Housing (Adopted 12-18-01)
Noise (Adopted 2-3-99)
Air Quality (Adopted 11-24-92)
Conservation (Adopted 9-26-01)
Open Space (In Progress)
Historic Preservation and Cultural Resources (Pending Initiation)
Safety (Adopted 11-26-96)
Public Facilities and Services (Pending Initiation)
Deleted

図2-13　ロサンゼルス市のマスタープラン(City of Los Angeles)

開発の「憲法」であると同時に、総合的、長期的、開発方針の声明であることをあげている。日本においてもマスタープランの基本的な考え方は同じである。

カリフォルニア州は、一九七一年に発生したサンフェルナンド地震を契機とし、一九七一年マスタープランに地震安全エレメント（a seismic safety element）を設けることがすべての市・郡に義務づけられるようになり、一九七〇年代を通じて各市・郡は地震安全エレメントを設定する。また、一九八四年にはすべての安全に関するエレメントを一つにまとめたセイフティ・エレメントを制定することが要求されるようになる。ロサンゼルス市は一九九四年のノースリッジ地震で大きな被害を受けたことからも分かるように、地震リスクの高い地域に位置する。ロサンゼルス市のジェネラルプランは、一一のエレメントと、三五のコミュニティプランを持つランドユース・エレメントから構成されており、セイフティ・エレメントはジェネラルプランの中の一エレメントとして位置づけられている。

バークレー市はサンフランシスコから湾を挟んで東側に位置する都市であり、その革新的な自治体運営で知られる。バークレー市の東側にはヘイワード断層が走っていて、今後三〇年間でマグニチュード六・七以上の地震が発生する確率は三二％と推定されており、バークレー市は防災対策に熱心に取り組んでいる。バークレー市のジェネラルプランでは計画全体としてのゴールが六つ設定されており、ゴールの一つとして「バークレーを災害に生き残り、災害から復興することができ、災害後も機能する災害に強い都市にする」と

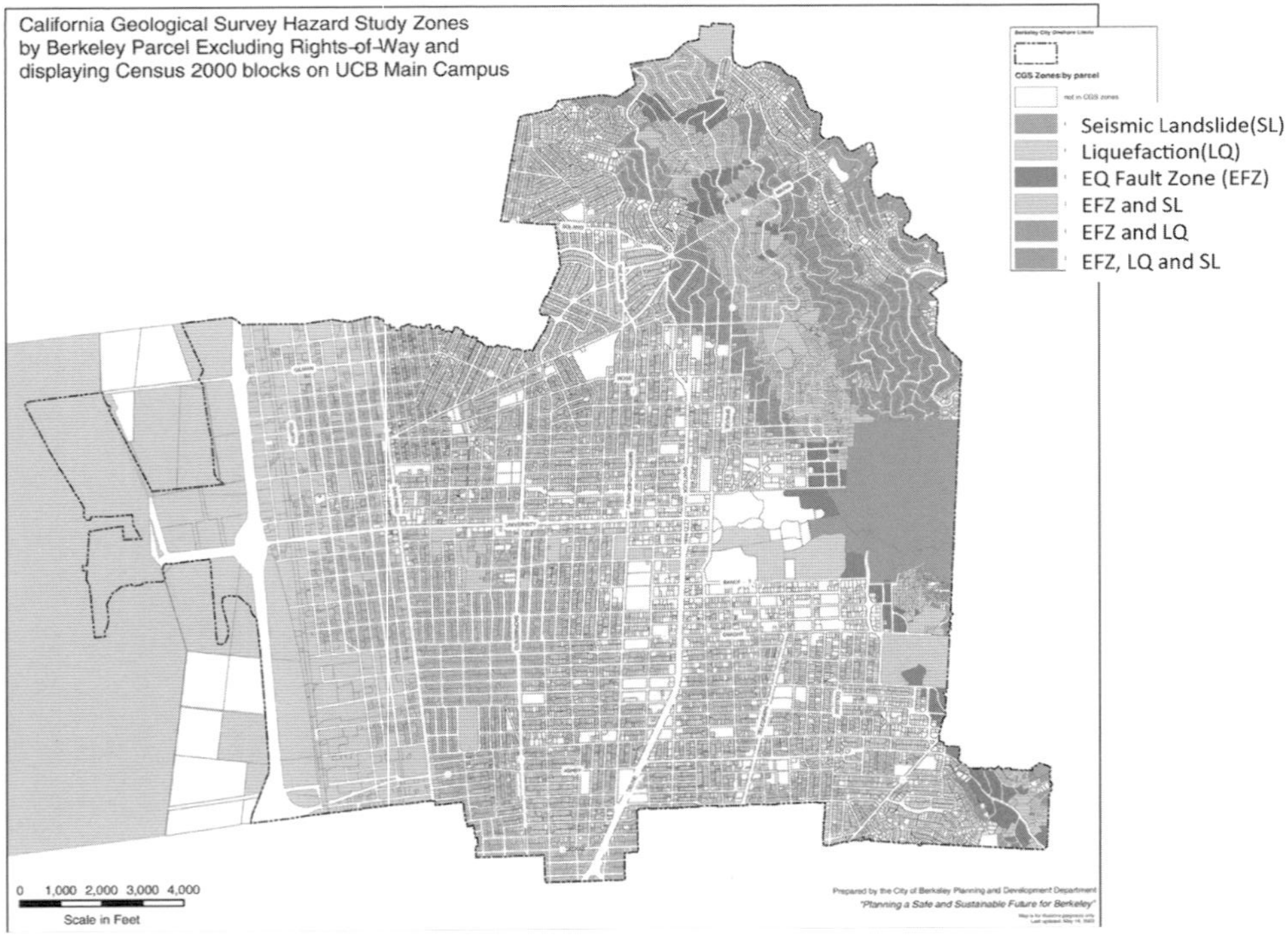

図2-14　総合計画に掲載さえたバークレー市のハザードマップ
(City of Berkeley, City of Berkeley General Plan: A Guide for Public Decision-Making)

いう防災に関する規定が存在する。バークレー市のセーフティーエレメントの内容は他のエレメントとも関連をもっており、「土地利用」エレメントにおける近隣住区の保護の章、「都市デザインと保存」エレメントにおける建築的・歴史的重要建築物の保護の章、「住宅」エレメントにおける住宅ストックの維持保存を行うとともに、住宅の災害の備えを高める章と関連づけられている。

カリフォルニア州の総合計画におけるセイフティ・エレメントは、多くのハザードマップを掲載し、被害想定に基いた計画となっている。また、複数のハザードを同時に扱っていること、防災対策の四フェーズ（被害抑止、被害軽減、災害対応、復旧・復興）を含む総合的な防災計画となっているという特徴を持つ。また、バークレー市の計画では防災計画と土地利用計画が関連づけられている点、ロサンゼルス市の計画では復興計画について言及している等、日本の防災計画が学ぶべき点も多くある。

［3］日本における総合計画と防災計画

日本においても、将来のまちづくりのための計画として「総合計画」「都市計画マスタープラン」が策定されている。南海トラフの巨大地震のリスクが高い静岡県、和歌山県といった地域では総合計画の中に防災に関する章を設けている。静岡県では「命を守る危機管理」を、和歌山県では「県民の命と暮らしを守る安全安心の和歌山」を目標の一つに掲げており、さらに和歌山県では事前復興計画策定についても記述が行われている。また土地利用に関わるマスタープランである都市計画マスタープランにおいても防災対策は目標の一つとして設定されている。しかし、津波・水害といったさまざまな災害を対象にしたものとはなっていない。これは、都市計画が対象としてきたハザードは「延焼火災」であり、地震の揺れについては個々の建物の耐震性を向上させる、水害・土砂災害については河川堤防・砂防ダムを整備する、といったようにハザードごとに対策が検討され、さらに防災対策の中心は水害・地震といったように個別のハザードごとに対策を行う必要がある。被害を出さないことを目的としたハード対策、「被害抑止」対策であったためである。しかしながら、近年、水害・土砂災害対策の分野において、土地利用規制による防災対策のあり方が検討されるようになっている。また、東日本大震災の反省をふまえ「津波防災地域づくり法」が制定され、津波危険地域の土地利用規制が行えるようになっており、さまざまな災害を対象とした土地利用規制のあり方についても今後検討していく必要がある。

それほど多くはないが、都市計画マスタープランの中で復興について明確な方針を示している自治体も存在する。東京都墨田区は五つの方針（「防災」「定住」「環境」「景観」「産業」）の一つとして「防災に関する方針」を示し、①減災対策、②災害時の避難、③被災後の復興について規定するようになっている。マスタープランの中で、さまざまな災害を考慮し、さらに復興まで考慮した総合的な防災対策について規定することは重要である。しかし、防災は手段であり、目的ではないということを確認しておきたい。防災を主眼とした都市計画といった考え方は成り立たない。都市計画の目的は「住みよいまちをつくる」ことであり、それを実現するための手段の一つとして防災計画が存在するのである。将来のより良いまちを実現する手段として、防災を位置づけることが重要である。

【第二章補注】

i 津久井進、大災害と法、岩波書店、2012

ii 牧 紀男、太田敏一、林 春男、どれだけの規模の災害に見舞われたら復興計画が策定されるのか？—復興計画が策定される災害規模と計画内容—、地域安全学会論文集、No.9、pp.29-36, 2007

iii 震災復興ビジョン策定懇話会：新潟県中越大震災復興ビジョン、新潟県、2004.

iv Olshansky, B. Robert, Johnson, A. Laurie, Clear as Mud: Planning for the Rebuilding of New Orleans, p.194, APA, 2010

v 岩手県、岩手県東日本大震災津波復興計画の取組状況等に関する報告書（いわて復興レポート）、岩手県、二〇一二

vi 小泉秀樹、プランニングをデザインする—復興・事前対策から現代的なプランニングへの転換の方向をさぐる、p38、都市計画、No.299、2012

vii 本章の内容は、の二、三節の内容は、下記の論文に加筆修正を行ったものである。牧 紀男、太田敏一、林 春男、どれだけの規模の災害に見舞われたら復興計画が策定されるのか？—復興計画が策定される災害規模と計画内容—、地域安全学会論文集、No.9、pp.29-36, 2007

viii 栃尾市、栃尾市復興計画、p.1、二〇〇四

ix 川西市、川西市震災復興計画、一九九五

x 尼崎市、阪神・淡路大震災尼崎市の記録、尼崎市、pp.336-337、一九九八

xi 本項目の内容は、牧 紀男、数値目標と被害想定、災害対策全書 4 防災・現在、ぎょうせい、pp.14-17、2011を加筆修正したものである。

xii 本節の内容は、牧　紀男：マスタープランにおける防災計画の位置づけに関する研究―米国カリフォルニア州のジェネラルプランと市町村マスタープランの分析―、都市計画論文集、39号、pp.595-600、2004に基づくものである。

xiii D. S. Mileti（1999）Disaster by *Design; A Reassessment of natural Hazards in the United States*, p30. Washington D.C., Joseph Henry Press.

xiv 福川祐一、ゾーニングとマスタープラン―アメリカの土地利用計画・規制システム、pp.196、学芸出版、1997

第三章

防災計画・復興計画の変遷

1●戦後日本の防災体制の確立[i]

【1】災害対策基本法制定の経緯

現在の日本の防災体制を規定しているのは「災害対策基本法」である。「災害対策基本法」は、一九五九年（昭和三四）愛知県・三重県を中心に死者五、〇九八人という甚大な被害をもたらした伊勢湾台風を契機として一九六一年に設立された。何度か見直しが行われているが基本的な構成は変化しておらず、制定から五〇年以上が経過している。しかし、「災害対策基本法」の制定以前は「災害救助法」（一九四七）、「水防法」（一九四九）というようにいずれも災害発生後の応急対応に関わる対策を定めた法律のみが存在し、応急対応、復旧・復興が災害対策のすべてという状況であった。

第二次大戦後、被害軽減、被害抑止、応急対応、復旧・復興を含む総合的な災害対策について議論が行われるようになるのは、一九五二年（昭和二七）に発生した十勝沖地震以降のことである。十勝沖地震以前にもカスリーン台風（一九四七）、福井地震（一九四八）、ジェーン台風（一九五〇）といった大きな被害を伴う災害が頻発しているが、戦後の混乱期でもあり、防災対策の中心は応急対応・復旧にあった。また一九五〇（昭和二五）に「国土総合開発法」が制定され、災害に強い国土開発が目的の一つにあげられるが、その主眼は工場誘致による工業開発にあった

十勝地震以降、災害対策についてさまざまな提言が行われるが、具体的な施策は講じら

れないまま、伊勢湾台風を迎える。伊勢湾台風後に開催された臨時国会の冒頭で、当時の内閣総理大臣であった岸信介は、「政府は、今次災害の事例にもかんがみ、早急に治山治水対策を中心とする基本的災害対策について、総合的、かつ、科学的に検討を加え、恒久的災害予防の方途を樹立し、これを強力に推進して国土保全の万全を期する所存であります」[ii]と述べ、総合的・科学的な災害対策のあり方について政府が検討を行うことを表明する。

首相の答弁をふまえた「災害対策基本法」に関する検討が開始され、法律の検討は、①内閣審議室、②自治庁（一九六〇年七月一日から自治省）、③自民党、④社会党という四つの主体により実施され、当初は②の自治庁案が採用されるが、最終的に自民党が自治省作成の「防災基本法案要綱」を採用し、また、内閣法制局との審議との結果、「防災基本法」という場合は災害の未然防止の面に重点が置かれていう印象を興えるという理由で「災害対策基本法」と名称が改められ、一九六一年五月二六日、第三八回通常国会に提出される。しかしながら、国会にデモ隊が突入するという事件があり、「災害対策基本法」は審議未了で廃案となる。

一九六一年九月二七日第三九回臨時国会に再度提出され、提案理由説明において当時自治大臣であった安井謙が「災害対策基本法」の目的は「災害対策の総合化」「災害対策の計画化」「巨大災害への対処」という三つを実現することにある、という説明を行う。国会に提出された災害対策基本法の構成は、第一章　総則、第二章　防災に関する組織、第三章　防災計画、第四章　災害予防、第五章　災害応急対策、第六章　災害復旧、第七章財政金融措置、第八章　災害緊急事態、第九章　雑則、第一〇章　罰則の一〇章から構成され、この構成は現在まで変わっていない。自治省提出の法案であるため「地方行政委員会」において具体的な審議が行われ、さまざまな問題点の指摘があったが、大きな修正がなされることはなく、付帯決議付きで一〇月三一日に可決成立する。ただし、第八章の災害緊急事態については、戦前の治安維持法に対する危惧、さらには六〇年安保闘争が行われている時代背景もあり、「第八章　災害緊急事態」については章名を除き内容を全部削除して可決し、第四〇回通常国会で別途議論されることとなった。第四〇回通常国会では、憲法学者の意見聴取が行われ、憲法違反ではないという意見を得て、内閣総理大臣は「災害緊急事態」の布告をし、「緊急災害対策本部」を設置することができるという仕組みが盛り込まれた。

［2］災害対策基本法が目指したもの

災害対策基本法が目指したのは、①災害対策の総合化＝現行の災害関係の法律を総合・体系化し、さらに実現のための組織を構築する、②災害対策の計画化＝災害発生の予防、発災後の対応のための計画を策定し、災害対応のための体制構築・対応能力の向上をはかる、③巨大災害への対処＝巨大災害に対する災害対応体制の構築であり、この三つの目標は現在から見ても優れたものである。しかしながら、法律が目指したにも関わらずこの三つのことが実現されていないことに、現在の防災対策・体制上の問題点がある。

a　防災対策の総合化

災害対策基本法が目指した災害対策の総合化とは「現行の災害対策関係法規を総合的、体系的に位置づけ、それらに基づく活動を組織化」[iii]することにあり、具体的には組織と応急対策の総合化が行われた。その背景には、伊勢湾台風において「現行法制下でも、実は災害時の臨機、応急の措置に関する規定は、相当程度そろっている。（中略）ただ、ここで問題となるのは、これらのいろいろな法律に分散している各規定を総合的に調整し、実施運用する体制に欠ける」[iv]ことが問題となったためである。組織・応急対策の総合化のため災害対策基本法では、国・地方自治体に組織横断的な体制として防災会議の設置、応急対策について三七の条文（第五章　第五〇～八六条）が設けられ、災害対応について詳細に規定を行うことで各省庁に分散していた災害対応の総合化が行われる。法律案の制定・審議過程で防災省・防災庁といった災害対策を統合する専門機関を設置、水防団と消防団の一体化や、都道府県レベルでの特設防災隊の設置等が検討されたが現在まで実現されていない。その一方、被害を出さないための「被害抑止対策」については総合化は行われることなく省庁それぞれで対策が行われることとなる。

b　災害対策の計画化

災害対策の計画化とは「災害の発生を予防し、または不幸にして災害の発生を見た場合には、その被害をできるだけ軽減するために平常から周到な計画を立て、関係機関の緊密な連絡調整をはかり、必要な諸般の準備を整えるとともに、訓練を実施し、適時適切な応急対策を講ずることができる体制を備えておくこと」[v]である。この目的を達成するために、①国・地方公共団体・指定公共機関による防災計画の策定、②復旧事業の実施責任の明確化、③災害対策費用の負担区分に関する規定が災害対策基本法に盛り込まれた。

防災計画については、国が防災基本計画、各省庁・指定公共機関が防災業務計画、地方自治体は地域防災計画を策定することになっている。検討の中で、既存制度・法律が存在する被害抑止対策については、各省庁・部局の取り組みをとりまとめたものとなり、具体的な進捗管理が行えないことが危惧された。また、災害復旧については、原形復旧ではなく、次の災害を防ぐという目的の改良復旧主義をとる必要があるという議論が行われ、災害対策基本法の中に特例措置として改良復旧を認めるという内容が盛り込まれた。しかし「災害対策基本法」は一般法であり、法律上は一般法よりも特別法の規定が優先される。特別法である「公共土木施設災害復旧事業費国庫負担法」では「この法律において「災害復旧事業」とは、災害に因って必要を生じた事業で、災害にかかった施設を原形に復旧する（中略）ことを目的とするものをいう」とされており、復旧事業の原則は原形復旧となっている。また、法律制定当時から被災者の個人補償についての議論もあり、個人補償は阪神・淡路大震災後に制定される「被災者生活再建支援法」により実現される。しかしその他の法律制定時に議論された事項は現在も、災害対策上の課題として残されている。

財政金融措置については、当時の災害復旧事業は、国の支援を得るため「防災政策分野は、政治家の活躍の場として存在していた」[vi]と言われるように、災害発生ごとに特別立法により特例措置が講じられるという状況であり、災害対策基本法に大規模災害時の恒久的な国の支援制度が盛り込まれることが期待されていた。しかしながら、災害復旧事案に関わる予算措置については別途法案で定めることとされ、翌年（一九六二）に制定される「激甚災害に対処するための特別の財政援助等に関する法律」（激甚法）に委ねられる。そのため、国会審議の中では予算措置について明確化な規定がないことから「羊頭は掲げておりますけれども、狗肉らしいものさえも与えてくれないじゃないか、そういう失望を感ずるだろうと思う」[vii]という意見まで出た。

c　巨大災害への対処

災害対策基本法が目指した「巨大災害への対処」の方針とは「災害対策の緊急性にかんがみ、特に災害が国の経済及び社会の秩序の維持に重大な影響を及ぼすべき異常かつ激甚なものである場合に対処する体制を確立することで」[viii]であった。憲法学者の意見聴取が行われ憲法違反ではないという意見を得て、内閣総理大臣は「災害緊急事態」の布告をし「緊急災害対策本部」を設置することができるという仕組みが盛り込まれた。「災害緊急事態」の布告が行われた場合の最大のポイントは、所管区域において。①物資の配給、譲渡、引き渡しの制限又は禁止、②賃金及び価格等の最高額の決定、③金銭債務の支払い延期及び権利の保存期間の延長、ができることにある。あまり知られていないことであるが、阪神・淡路大震災では内閣総理大臣をトップとする「緊急災害対策本部」は設置されていない。阪神・淡路大震災の反省をふまえ「災害緊急事態」の布告なしに「緊急災害対策本部」が行えるようになり、東日本大震災において初めて「緊急災害対策本部」が設置されたが、これまで「災害緊急事態」の布告が行われことはない。

2●日本の防災対策の特質

日本と米国における災害対策

a　近代災害対策の確立

日本とならぶ防災先進国である米国の防災対策は日本と好対照である。米国の現在の災害対策・体制は一九五〇年に制定された「災害救助法」(Disaster Relief Act)、「防災法」(Civil Defense Act) に始まる。一九六五年に発生したハリケーン・ベッチィーはハリケーン・カトリーナ (二〇〇五) で大きな被害を受けたニューオリンズに甚大な被害をもたらし、この災害を期に一九六八年に「全米洪水保険」(National Flood Insurance Act) が創設される。そして一九七四年、「災害救助法」が大改正され、大統領の災害宣言に基づき、連邦が被災者及び自治体支援をするという、現在の災害対策の枠組みの原型が完成する。また一九八八年にはスタッフォードアクト (the Robert T. Stafford Disaster Relief and

Emergency Assistance Act）と呼ばれる、現在の米国の災害対応の枠組みを規定する法律が制定される。この法律の特徴として連邦政府の予算を、被害を出さないための対策（被害抑止）に使うことが認められるようになったことがあげられる。

一九五〇年代の連邦政府の応急対応・救援は、現在の「住宅都市開発省」（Department of Housing and Urban Development, HUD）の前身にあたる the Housing and Home Finance Administration が担当していた。現在も災害復興支援は住宅都市開発省の資金を元に実施される。また、一九六一年には「危機管理局」（the Office of Emergency Management）が、そして一九七八年に現在の米国の災害対応、復旧・復興を担う「連邦危機管理庁」（Federal Emergency Management Agency, FEMA）が設立される。

一九七一年のサンフェルナンド地震以降、カリフォルニア州では被害抑止のための対策が講じられるようになるが、法律体系からも明らかなように米国の連邦政府の災害対策は、一九八〇年代までは、発生した被害・影響を最小限にくいとめること（「被害軽減」）を目標としたものであった。

b　被害抑止の時代

第二次世界大戦後の日本の災害対策制度は、一九四六年に発生した南海地震後に制定された「災害救助法」（一九四七）に始まる。災害救助法は救援物資・避難所の提供、応急仮設住宅の建設といった災害直後の被災者支援を目的とした法律であった。その後、一九五九年の伊勢湾台風をきっかけに「治山治水特別措置法」、「災害対策基本法」が制定されるのであるが、伊勢湾台風以前の日本の災害対策は「応急対応」＋「復旧」＝災害対策という状況であり、「発生した被害・影響を最小限にくい止める」ことを主眼としたものであった。

日本では、一九五九年の伊勢湾台風をきっかけに「治山治水特別措置法」（一九六〇）が制定され、国が予算的な裏づけをもって「治水一〇カ年計画」を進めるようになる。また地震対策についても「建築基準法」（一九五〇）が地震災害ごとに改訂され、被害を出さないための対策（被害抑止）を中心に防災対策が推進される。しかしながら、被害抑止対策については省庁ごとに個別に実施され、総合的な被害抑止対策は検討されない。その一方、米国とは対照的に、「災害対策基本法」が具体的な内容を定める、発生した被害を最小限にとどめることを目標とした対策についての取り組みは遅れる。一九六四年に発生した新潟地震を受けて「地震保険に関する法律」が制定されるが、大きな災害が発生しなかったこともあり、一九六三年に定められて以来、国の基本的な災害対策の指針を定める阪神・淡路大震災まで「防災基本計画」の大きな改訂が行われてはいない。

米国では、八〇年代後半～九〇年代に、巨額の経済被害を伴う大規模災害（ロマプリータ地震（一九八九）、ハリケーン・ヒューゴ（一九八九）、ハリケーン・アンドリュー（一九九二）、ノースリッジ地震（一九九四））が頻発し、被害抑止対策を実施しなければ応急対応、復旧・復興に巨額の費用を要することが問題となった。こういった流れを受けてクリントン政権時代に始まったのが、被害抑止対策に重点を置いた「プロジェクトインパクト」（一九九七）であり、さらに二〇〇〇年には被害抑止法（Disaster Mitigation Act）が制定される。被害抑止法は各自治体に被害抑止計画の策定を求めるものであり、被害抑止計画が策定されていない自治体については、災害発生時に災害復興費用として連邦から支出される「被害抑止交付金」（mitigation grant）が使えないというペナルティが設けられた。

C　マルチハザード・総合防災

一九九五年に発生した阪神・淡路大震災では、初動対応・応急対応に大きな問題が発生し、「災害対策基本法」の改正（一九九五）が行われた。法律の大きな改正点は「巨大災害への対処」に関する項目である。災害緊急事態の布告をすることなしに、内閣総理大臣を本部長とする「緊急災害対策本部」を設置できること、緊急災害対策本部長が指定行政機関の長（国の省庁）に指示をすることができること、「非常災害対策本部」・「緊急災害対策本部」に「現地災害対策本部」を置くことができることであった。この改正の結果、東日本大震災では「災害対策基本法」制定以来、初めて内閣総理大臣をトップとする「緊急災害対策本部」が設置されることとなる。組織面でも中央省庁再編に伴い国土庁防災局から内閣府に中央防災会議の事務局が移行し防災担当大臣が常置され、さらに内閣危機管理監が設置される。また、災害復興における個人の生活再建が大きな課題となり一九九八年に

「生活再建支援法」が制定される。

また、一九九五年地下鉄サリン事件、二〇〇一年米国同時多発テロの発生により、武力攻撃事態等に対処するための「国民保護法」(二〇〇四)が制定され、自治体レベルでは自然災害・テロを含む人為災害に対して総合的に対応する「危機管理」部局が創設されるようになる。取り組むべき課題は数多く残されているが、日本においては、あらゆる災害を対象として総合的な災害対策を行う、ということの萌芽が「国民保護法」制定以降、自治体レベルでは見られるようになったのである。

クリントン政権時代に、被害抑止も含めた総合的な防災対策へと大きく舵を切った米国であるが、二〇〇一年米国・同時多発テロによりテロ対策が危機管理対策の中心課題となる。二〇〇二年国家安全保障省が創設され、FEMAは国家安全保障省の一部局となり、自然災害ではなく人為災害が危機管理上の主要な課題となる。また、二〇〇四年には連邦政府の対応計画も「連邦危機対応計画」(Federal Response Plan)から「米国危機対応計画」(National Response Plan)に改訂され、全米共通の危機管理システム(National Incident Management System, NIMS)が導入される。また、総合的な防災対策という観点では「米国危機対応計画」に連邦政府の役割として災害復興が位置づけられるようになる。テロ対策重視の中、二〇〇五年ハリケーン・カトリーナが発生し、再び自然災害対策に関心が向けられるようになる。特に災害復興が大きな課題となり、連邦政府が米国復興戦略(National Disaster Recovery Strategy)並びに米国住宅再建戦略(National

Housing Recovery Strategy）を策定することが規定される。また、被害抑止についても二〇〇七年にカリフォルニア州ではあらゆる災害を対象とした被害抑止計画（State of California Multi-Hazard Mitigation Plan）が策定される。このように、米国においては、あらゆる災害を対象とし、さらに災害対応、復旧・復興、被害抑止、被害軽減を含む総合的な災害対策の実質的な仕組みが完成しつつある。

3 ● 復興計画の変遷[ix]

【1】物理的復興

日本における最も有名な自然災害後の復興計画は、後藤新平が中心となってまとめた関東大震災後（一九二三）の東京の復興計画であろう。この復興計画は、「帝都復興計画案ノ大綱ニ関スル件　第一　街路の規格および線路の系統、第二　公園の配置、第三　市場の配置、市街地割の整理、第四　防火措置、第五　京浜の関係ならびに港湾および運河の施設」[x]という内容からも明らかなように、物理的に新たな都市をつくり上げるという「物理的復興」を規定するものであった。このことは、国会の審議会における議論において「経済復興」に関する事業が欠如している[xi]という指摘を受けたことからも分かる。

その後、一九二五年北但馬地震、一九三四年函館大火、一九四六年南海地震、さらには第二次世界大戦からの戦災復興とさまざまな災害についての復興計画が策定されるが、こうった災害からの復興計画は、越山[xii]が「区画整理事業や道路・公共工事中心の土木的な対応が主であり、これも大きな変化がない」と言うように「物理的復興」が主たる計画内容であった。風水害後の復興計画についても、同様に「物理的復興」が主たる課題であった。一九五八年九月に伊豆半島を襲った台風二二号（狩野川台風）は、静岡県に大きな被害をもたらした。この災害後、静岡県が策定した復興計画の基本方針は「⑴（前略）復興方式も単に復旧に止まらず、今後の災害防止を考慮するものとした。すなわち、治山・治水・農業施設・耕地等全般にわたって復旧工事をする場合、再び災禍を繰り返さぬためにも改良工事を伴った方針とする。⑵復興計画は、施設事業の復旧改善と経営指導、金融あっ旋等臨時処理による範囲に限定し、恒久的（平常業務的）な分野は、正規各部事業とした。⑶（省略）」[xiii]という「物理的復興」を目的としたものであった。

【2】物理的復興から経済開発へ

一九五九年の伊勢湾台風、一九六四年の新潟地震、一九七五年の酒田大火までの復興計画は、基本的に社会基盤の復旧・復興を目的とした復興計画であった。ただし、関東大震災の復興計画とは異なり経済復興に焦点があてられるようになる。伊勢湾台風（一九五九）の愛知県の復興計画は、「県土計画」「水政計画」「商工計画」「農林農地計画」「文教厚生計画」「財政金融計画」という六つの計画から構成されるが、「県土計画」の方針は「災害復興が県土の立地性及び地域社会の発展に対応して最も合理的に行われるよう、各部門計画事業を県土の合理的保全及び効率的利用の見地から総合的に検討して、その総合調整をはかることを目的とする」[xiv]というものであり、その内容は一九六二年に策定が行われた「全国総合開発計画」と軌を一にするものであった。また、経済復興に関わる「商工業計画」は産業立地計画であり、この時代の復興計画では経済開発が大きなテーマとなる。

しかしながら、阪神・淡路大震災で大きな課題となった生活再建は復興の課題とはなっていない。伊勢湾台風の復興計画では、被災者の生活再建については「民生」という項に低所得者に対する対策が記述されているだけで、一般の被災者に対する対策は書かれておらず、その後の新潟地震（一九六四）の復興計画でも生活再建については「生活環境施設復興計画」の中の「厚生」という項で低所得者に対する対策が記述されているだけである。また、伊勢湾台風、新潟地震の復興計画の計画策定主体は、あくまで行政であり「科学的な分析に基づき」計画を策定する[xv]というものであった。「住民参加」が行政手続きとして取り入れられるようになるのは一九六八年の「都市計画法」改訂以降のことであり、住民の意見の反映という観点は見られない。

【3】住民参加と生活再建

一九七五年の酒田大火の復興計画は、基本的には土地区画整理事業であり都市の「物理的復興」が主たる内容であったが、「近代的な魅力ある商店街の形成」や「住宅地の生活環境の改善整備」といった地域の活性化や再建に関わりのある施策が設けられ、さらに住民の意見の反映という観点が生まれてくる。これは一九六八年に「都市計画法」が改訂され「住民参加」が行政手続きとして取り入れられた影響であると考えられる。復興の動きを伝える「広報酒田災害速報告知板」が各家庭に配布され、さらに各地での説明会や相談所の設置が行われ、最終的に住民の声を反映して事業計画の一部が変更された[xvi]。

そして、一九八三年の三宅島計画になると「生活再建」という言葉が復興計画に現れるようになる。一九八三年の三宅島の噴火災害で大きな被害を受けたのは溶岩流により住宅の焼失埋没した阿古地区であり、復興計画の大部分は、溶岩流により焼失埋没した地区の防災集団移転、住宅地の開発、学校の再建といった「物理的復興」に関わるものではあるが、これまでの計画では見られなかった「生活再建」という目標が掲げられる。その内容は、罹災者の自立復興をいかにしてサポートするのかというもので、①復興資金の調達とその活用、②産業振興と基盤整備、③高齢者、後継者対策という三つの項目から構成されていた。伊勢湾台風・新潟地震の復興計画でも「民生」「厚生」という項目は存在したが、いずれも「低所得者に対する対策」を主たる目的にしたものであった。三宅島のすべての人を対象にした支援は、阪神・淡路大震災と共通するものであり、「生活再建」という新たな課題に対する計画の萌芽である。

復興計画の内容が大きく変化するのは、雲仙普賢岳の噴火災害からである。雲仙普賢岳の噴火災害は一九九〇年に火山活動が始まり、一九九一年に活動が活発化し避難勧告が出されるようになるのであるが、噴火活動が沈静化するまでに時間がかかり、雲仙普賢岳の噴火災害では阪神・淡路大震災から一年後の一九九六年を「復興元年」としている。島原市は「生活再建」「防災都市づくり」「地域の活性化」を三本柱とする復興計画を、未だ火山活動が続いている一九九三年に策定した。この計画では、計画内容を「緊急対策」と噴火活動の沈静化後に実施する「長期構想」に分けて策定している。「生活再建」「地域の活性化」のための具体的な対策としては、雇用対策の充実、さらには災害を利用した観光振興といったこれまでの復興計画には見られなかった項目が設けられた。一九九六年の復興元年を期に「島原地域再生行動計画（がまだす計画）」と呼ばれる復興計画のアクションプランが策定される。この計画は噴火災害による間接被害を被った島原半島全体の地域の活性化を目的とした計画であり、二七の重点プロジェクトから構成されており、そのプロジェクトは単なる「物理的復興」だけに限らないさまざまなプロジェクトが盛り込まれた。一九九三年の北海道南西沖地震で被害を受けた奥尻町の復興計画もこういった流れを受け「生活再建」「防災まちづくり」「地域振興」という三つの目標から構成されるものであった。

雲仙以降、「生活再建」は新たな課題として追加されたが、これまでの復興の課題であった物理的復興は既定の対策と実施されており、雲仙普賢岳の噴火災害では火山灰の流下を防ぐ砂防ダムの建設や高架道路の建設といった大規模な土木工事や、土地区画整理や防災集団移転といった都市計画事業も実施されている。北海道南西沖地震でも同様であり、津波により壊滅的な被害を受けた地域では高台移転が実施されている。

［4］ 復興の拡大

一九九五年の阪神・淡路大震災では「生活再建」が復興における中心課題となった。神戸市が実施した復興検証では「すまい」の再建が生活再建における最優先課題となっており、個人の住宅再建に対して支援がないことが大きな問題となった。雲仙普賢岳（一九九一）の噴火災害、北海道南西沖地震（一九九三）でも住宅再建には多額の費用が必要となったが、被災世帯数が限られていたことから、全国から寄せられた義援金が一世帯当たり一千万円近く配分され、順調に住宅再建が行われた。しかしながら、都市部を襲った阪神・淡路大震災による被災世帯数は膨大であり、全半壊合わせて五〇万世帯にのぼる。戦後の住宅政策として、持家化を推進したことが「すまい」の再建を中心とする「生活再建」を大きな問題とした。その結果として、阪神・淡路大震災から三年後の一九九八年に「生活再建支援法」が制定され、生活再建に対する支援が行われるようになるが、一九九八年に策定された法律では、私有財産である住宅本体の再建は支援の対象外であった。

二〇〇〇年に発生した鳥取県西部地震では、大きな被害を受けた自治体でも復興計画が策定されることはなかったが、県独自の制度として住宅再建に対して最大三百万円の支援を行う制度が創設された。鳥取県の支援制度の目的は過疎化する地域に人を留めることを目的としたものであった。鳥取県西部地震の復興では「生活再建」に特化した復興施策が実施されたと言える。その後、生活再建支援法が二〇〇四年に改正され、住宅再建にも支援金を利用できることとなり最大で三百万円の支援が行われるようになる。二〇〇四年に発生した新潟県中越地震では県の独自制度と合わせて最大で四百万円の支援が行われた。また、この災害では別の章で述べたように通常は復興計画が策定されないような被災規模の自治体においても総合計画型の復興計画が策定された。

災害を都市改造の契機と捉え、都市改造計画を中心に構成する関東大震災の復興計画から始まった近代日本の災害復興は、戦災復興期を経て、経済開発を目的とする伊勢湾台風（一九五九）・新潟地震（一九六四）の時代を経て、酒田大火（一九七五）からは都市計画法の改正もあり計画の策定に際して住民参加が行われるようになる。そして一九九〇年代以降「生活再建」がテーマとなり、阪神・淡路大震災では「生活再建」、特に住宅再建が復興における大きな課題となる。二〇〇四年新潟県中越地震、二〇〇七年能登半島地震、新潟県中越沖地震で住宅再建支援に関する支援制度が確立される。

災害復興において「生活再建」が重要な課題であることは確かであり、阪神・淡路大震災では特にすまいの再建が課題となった。しかし、東日本大震災の復興課題はまちの再建であり、住宅だけではなく経済活動を含む、まち全体の活動をいかにして再建するのかが問題となっている。また、すまいの再建は「生活再建」の一つの大きな要素であることは確かであるが、支援金を支払うという「直接支援」が適切なのかどうかという問題は残される。生活再建支援法に基づく支援金は、国と都道府県が半分ずつ負担する基金に基づいて支払われており、東日本大震災では阪神・淡路大震災よりも被災世帯数が少ないにも関わらず、基金が不足した。将来発生が予想される首都直下地震や東海・東南海・南海地震で支援金が支払い可能なのかどうかは疑問である。また被害が大きいほど支援が大きいという住宅再建支援施策は、命が助かれば対策しない方が得になり、防災対策を行う際のモラルハザードを引き起こすという問題も含む。阪神・淡路大震災以降に発生した災害では被災規模が小さかったこともあり、「生活再建」をキーワードに個人に対して支援金を支払うという「直接支援」が拡大していった時期であるが、「生活再建」の方法論については検討の余地が残されている。

【第三章補注】

i 本章は、牧　紀男、災害対策基本法の総合性、計画性と巨大災害への対処―21世紀前半の巨大時代をふまえた災害対策のあり方―、地域安全学会論文集、No.12、No.12, pp.71-80, 2010、を加筆修正したものである。

ii 岸　信介内閣総理大臣、第〇三三回国会衆議院本会議、一九五九年一〇月二九日、西村榮一議員の質問に対する答弁、国会議事録検索システム

iii 安井謙自治大臣，第三九回国会衆議院本会議，一九六一年一〇月六日、災害対策基本法案の趣旨説明，国会議事録検索システム

iv 今井　實、災害対策基本法について（一）、自治研究、第37巻第12号、pp.89-90、一九六一

v 安井　謙自治大臣、第三九回国会衆議院本会議、一九六一年一〇月六日、災害対策基本法案の趣旨説明、国会議事録検索システム

vi 風間、p.63、2002

vii 松井　誠、第三九回国会衆議院地方行政委員会、一九六一年一〇月二六日、災害対策基本法に対する質疑、国会議事録検索システム

viii 安井　謙自治大臣、第三九回国会衆議院本会議、一九六一年一〇月六日、災害対策基本法案の趣旨説明、国会議事録検索システム7

ix 本章の内容は、牧 紀男、太田 敏一、林 春男、どれだけの規模の災害に見舞われたら復興計画が策定されるのか？—復興計画が策定される災害規模と計画内容—、地域安全学会論文集、No.9、pp.29-36, 2007、に加筆修正を行ったものである。

x 鶴見祐輔、「帝都復興計画案ノ大綱ニ関スル件」、決定版正伝・後藤新平　8「政治倫理化の時代」、藤原書店、pp.264-275、二〇〇六

xi 伊藤已代治の「帝都復興計画案ノ大綱」に対する反論（前掲書）、pp.287-289

xii 越山健二、災害後の都市復興計画と住宅供給計画に関する事例的研究、神戸大学博士論文、私家版、p.23、二〇〇一

xiii 静岡県、狩野川台風災害誌、静岡県、p.38、一九六二

xiv 愛知県、伊勢湾台風災害復興計画書、愛知県、p.192、一九六〇

xv 三重県、三重県復興計画書、三重県、一九六一

xvi 酒田市大火の記録と復興への道刊行会（編）、酒田市大火の記録と復興への道、酒田市、pp.179-183、一九七八

第四章

復興計画・防災計画の実効性と評価

1●防災計画

【1】防災計画の課題

災害対策基本法は地方自治体に「地域防災計画」の策定を義務づけている。災害対策基本法の規定に基づき地域防災計画の内容は、被害想定・過去の災害といった地域の概要、災害予防、災害応急対策、災害復旧対策という四つの内容から構成されている。しかしながら、実際には災害対応組織、警報発令基準、避難所の運営、食料の配給といった災害対応に関わる内容が計画の大部分を占め、地域防災計画の主たる役割は災害発生時の自治体の対応を規定することにある。災害の発生前の予防対策については、河川、都市防災等々、各部局で実施されている計画を個別に掲載していることに留まっており、実効性の低い計画となっている。さらに災害復旧・復興対策についてはほとんど記述がないというのが実態である。

もう一つの問題として、自治体の災害対応に関わるすべての規定・情報・様式を「地域防災計画」に掲載するため、その分量は膨大になり、さらに毎年一部改良を繰り返してきた結果、体系性・一覧性に欠けるものになっていることがある。地域防災計画は自治体職員の災害発生時のマニュアルであると同時に、市民に対しては災害発生時に自治体はこういった業務実施するので、それ以外のことについては市民が主体となって対応してほしい、ということを示した災害対応に関する契約書としての意味を持つ。しかしながら、現在の

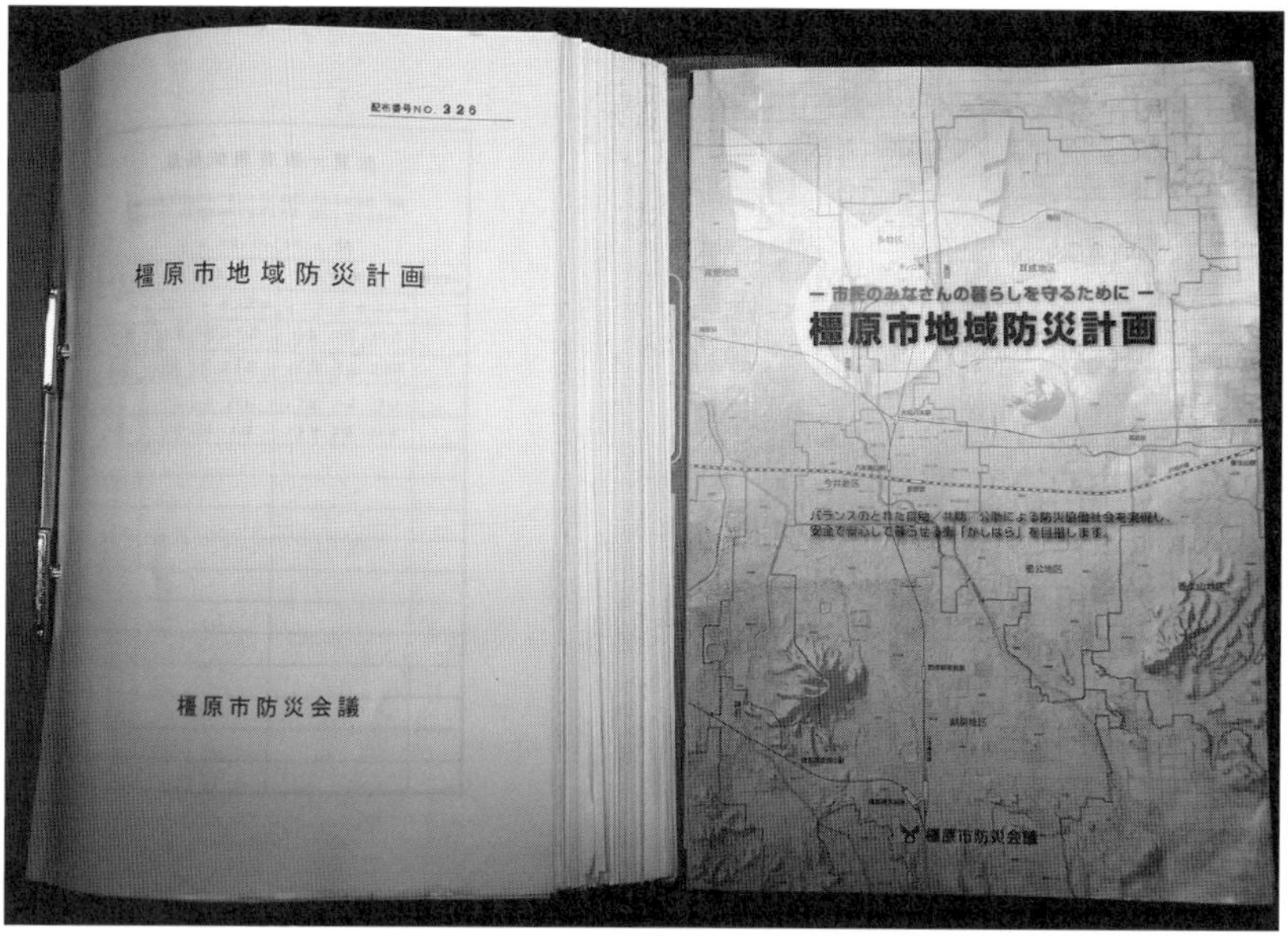

写真4-1　奈良県橿原市防災計画書（左：職員用マニュアル、右：市民閲覧用）（橿原市）

地域防災計画は誰を対象とした計画となっているのかが不明確であり、市民が読むには記述が詳細で、その一方、体系的に書かれていないため自治体の災害対応マニュアルとしても使いにくいものとなっている。「地域防災計画」の文書としての課題を改善した事例としては奈良県橿原市の地域防災計画がある。橿原市の地域防災計画は、行政のトップと市民向けに、何を実施するのかについて記述した計画書と、行政職員用のどのように災害対応を実施するのかについて記述したマニュアルの二部構成となっている。

［2］防災アクションプログラム

地域防災計画が、特定の地震シナリオに対して達成目標、達成時期を示した実効的なものとなっていないという課題に対処するため、地震発生リスクが高い地域では地域防災計画とは別に「防災アクションプログラム」の策定を行う事例が増えている。発生が確実視される地震の被害を低減するために、①総合的な体系をもつ防災対策を、②実効性をもって、③長期的・計画的に推進するための計画、が防災アクションプログラムである。

総合的な防災対策を実効的・計画的に推進するための計画として、最初の防災アクションプログラムの策定を行ったのは静岡県である。「静岡県地震対策三〇〇日アクションプログラム」（一九九五）と名づけられたこの計画は、「阪神・淡路大震災から得られた貴重な教訓を元に、全部局が総力をあげて地震対策の総点検」[iv]を行った結果としてまとめられたものである。静岡の計画を第一世代とすると、二〇〇三年（平成一四）の「東海地震に係る地震防災対策強化地域」（以下、東海地震強化地域）の見直しに伴い、東海地方の県で策定された防災アクションプログラムが第二世代となる。さらに二〇〇四年（平成一五）の「東南海・南海地震に係る地震防災対策の推進に関する特別措置法」に基づく「東南海・南海地震防災対策推進地域」（以下、東南海・南海推進地域）の指定に伴い、第三世代として西日本の都道府県においても防災アクションプログラムの策定が行われる。そして、二〇〇五年（平成一七）に政府が発表した東海地震、東南海・南海地震に関する「地震防災戦略」では死者・経済被害の半減という戦略目標が設定され、政府の戦略目標に対応する「地域目標」実現のため、第四世代としてさらに多くの自治体が防災アクションプログラムを策定するようになる。

　防災アクションプログラムの特徴として、①計画の総合性、②実効性の確保、③長期的な視野を持った計画的推進ということがあげられるが、課題も存在する。総合的な防災計画であるためには、復旧・復興も含め防災に関わるすべての内容を網羅する必要があるが、「復興」が計画の大きな目標として設定されていない計画が存在する。こういった状況は徐々に改善されてきている。例えば、東日本大震災で大きな被害を受けた宮城県は、第一期（平成一五～一九）のアクションプログラムでは、復興に関する項目が設定されていなかったが、第二期（平成二一～二五）の計画[v]では「復興」が大きな四つの目標の一つとして掲げられるようになる。また、実効性の確保のためには、防災対策実現のために設定した目標がどれだけ達成されているのかについての数値目標を設定する必要がある。死者・

経済被害といった被害抑止対策についての数値は設定されているが、災害対応、復旧・復興についての数値目標が定められていないという問題がある。

総合的な計画とする、実効性のある計画とする上で計画の策定に職員・住民の参画が不可欠であるが、計画策定に職員・住民が参画する事例は少ない。防災対策の実現のためには長期的な視点をもつことが重要ではあるが、計画の長期的な推進、予算の確保には不可欠である県の上位計画（総合計画・「政策決定方針」）と整合性がとられていない、などといった点が問題となる自治体も存在する。

また、防災アクションプログラムを策定する動きとは別に「防災条例」を策定する自治体も存在する。首都直下地震による被害が予想される東京都、埼玉県、東海地震強化地域である静岡県、愛知県、岐阜県、三重県、徳島県、高知県等で防災条例が策定されている。防災アクションプログラムは「地域防災計画」と異なり、法律に基づいて策定される計画ではないことから、条例を制定して法的根拠をもたせることは重要である。

【3】防災アクションプログラムと復興

現在、防災アクションプログラムの中で「復興」についての項目が設けられるようになってはいるが、被災する前に復興について何を書くのか、ということが常に問題となる。宮城県の防災アクションプログラムでは「復興」が大きな目標の一つとして位置づけられるようになったと書いたが、その内容は「被災者の迅速な再建への支援」を目的とした①被災者の生活支援・住宅確保、②その他（災害救助基金・事務に関する事業）、③震災廃棄物対策の推進という三つの項目に限られる。宮城県の計画では東日本大震災の復興において問題となったまちの再建、経済再建については事前に検討されていなかった。

東京都は災害後の都市像を示した「震災復興グランドデザイン」[vi]（二〇〇一）の策定や事前に復興に関わるプロセスを明示した「震災復興マニュアル」[vii]（二〇〇三）の策定を行う等、復興についての災害前からの先進的な取り組みを行っている。東京都の防災アクションプランである「東京都震災対策事業計画～震災から首都東京を守る～」[viii]（平成二〇年～二二年度）では、「震災復興体制づくり」についての項目が設けられているが、具体的な達成目標は定められておらず、したがって数値目標も設定されていない。

復興が防災対策の中で重要な位置づけをもつことは認識されているのであるが、どのようにして事前の防災対策と組み合わせていくのかが難しい、というのが現状である。防災計画の中に復興を位置づける際に有効な考え方として「リジリエンス」（しなやかさ）という考え方がある。サンフランシスコ市ではリジリエンスをキーワードとして、防災と復興を「いつまでに復興するのか」という観点から結びつける試みが行われている。防災対策の最終目標は、災害に見舞われても地域活動が影響を受けないこと、影響を受けた場合でもできるだけ迅速に回復することであり、どれだけ迅速に復興するのかについての目標を、復興の目標として設定する必要がある

2 防災計画・復興計画をつくる

［1］計画をつくるということ[ix]

計画とは「あることを行うために、あらかじめ方法や順序などを考えること」（大辞泉）であり、計画を策定する際には、何を達成するための計画であるのかを明確にする必要がある。しかしながら、それだけでは不十分であり、策定する計画は「誰が」実行する計画なのかについても同時に決定する必要がある。日本の計画では、この点が不明確になっている場合が多く、計画の推進・評価が難しくなっている。「誰が」実行する計画かということは、計画策定に誰が参画するのかということと関係する。防災のための計画であっても、復興の計画であっても計画の実施主体は行政だけでなく、計画策定に市民の参画は不可欠である。

計画をつくる、ということは計画に関わる関係者のさまざまな「想い」を実行可能な形式にまとめて行くプロセスである。計画策定の最初のステップは関係者の「想い」を言語化し、計画の策定主体に伝えるという行為、「アイディア生成」である。しかしながら、関係者が生成したアイディアはそのままでは、ばらばらな個々のアイディアであり、計画とするためには個々のアイディアを、ある構造に従って実行可能な形式に整理する必要がある。関係者の多様な想いを計画にするための最後のステップは構造化の結果について「合意形成」をとることである。「アイディアの構造化」のステップで行われた整理が、自

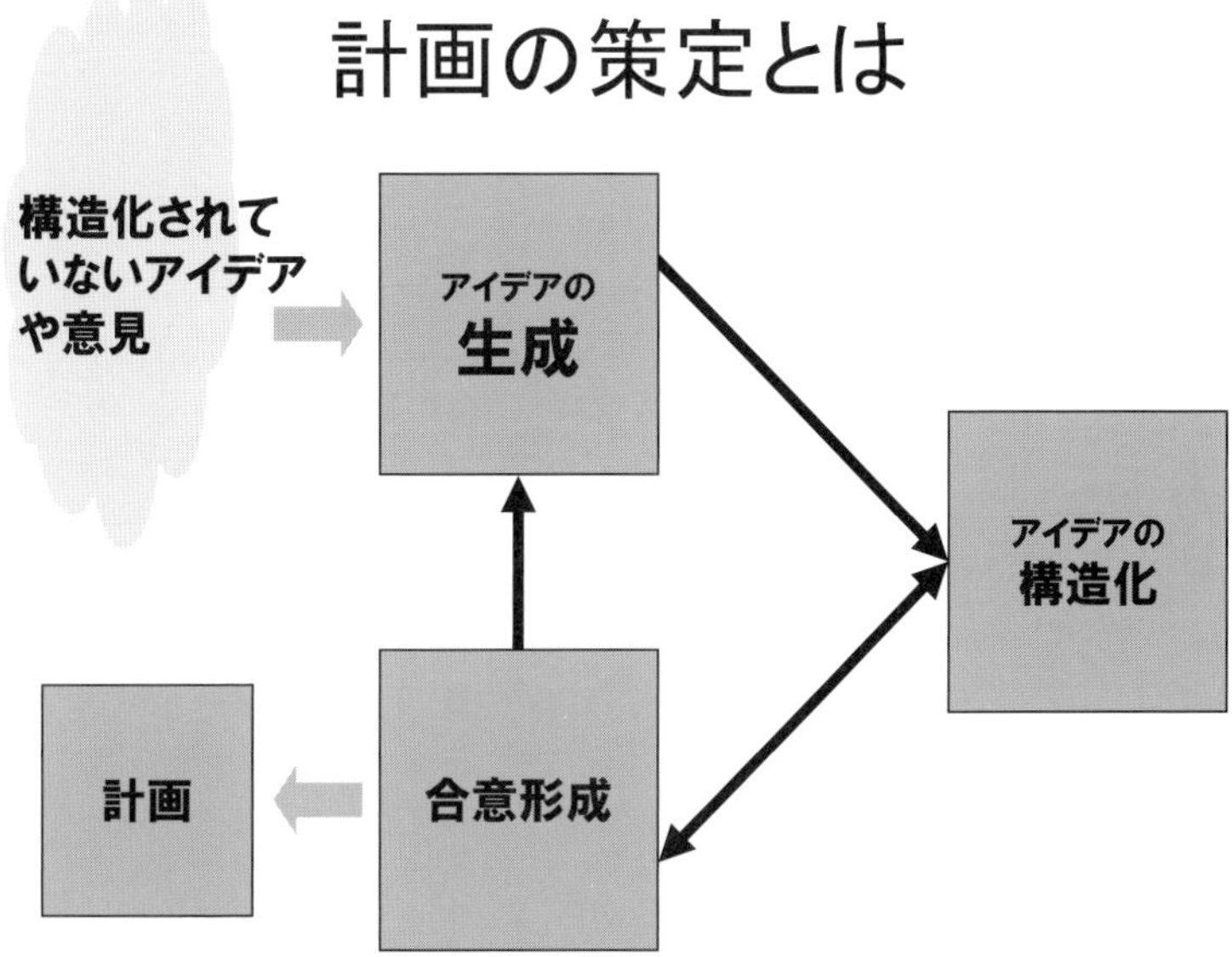

図4-1　計画の策定手法(アイディア生成から合意形成まで)

分の考えるものと異なる場合もあり、合意を得ることができない場合は、「アイディアの構造化」のプロセスに戻る。「アイディア生成」→「アイディアの構造化」→「合意形成」というプロセスを何度か繰り返すことにより、最終的に計画は策定される。こういった計画策定のプロセスは防災計画・復興計画だけに留まらず、あらゆる計画策定に共通するものである。

もう一つのポイントは、どのように「アイディアの構造化」を行うのかということである。実効的な計画を策定するための手法として一般的に採用されているのが「戦略計画」の枠組みである。戦略計画の特徴として、①上位概念からブレークダウンした目的手段関係が明確な計画であること〈マネージメント・バイ・オブジェクティブ〉、②長期的な視野に立った計画であること、③政策目標レベルでの数値目標をもつこと、があげられる。

戦略計画の枠組みに基づく防災・復興計画策定は、「計画の必要性を知る」→「地域を知る」→「戦略計画を策定する」→〈戦略計画実現性の評価〉→「実施計画を策定する」プロセスで実施される。防災計画でも復興計画でも、まず最初に計画が必要なのかどうかについて決定する必要がある。防災計画の場合はどういった被害が発生するのか、復興計画の場合は地域の被害・課題を計画に関わる関係者と共有（「計画の必要性を知る」）し、その結果、計画が必要だということになって初めて計画の策定が始まる。「戦略計画」を策定した後は、「戦略計画」を実行するための、五年程度の計画期間での具体的な事業対策までを含むアクションプランが策定される。アクションプランの策定に際しては、実施主体の能力

長期的な視野をもった計画

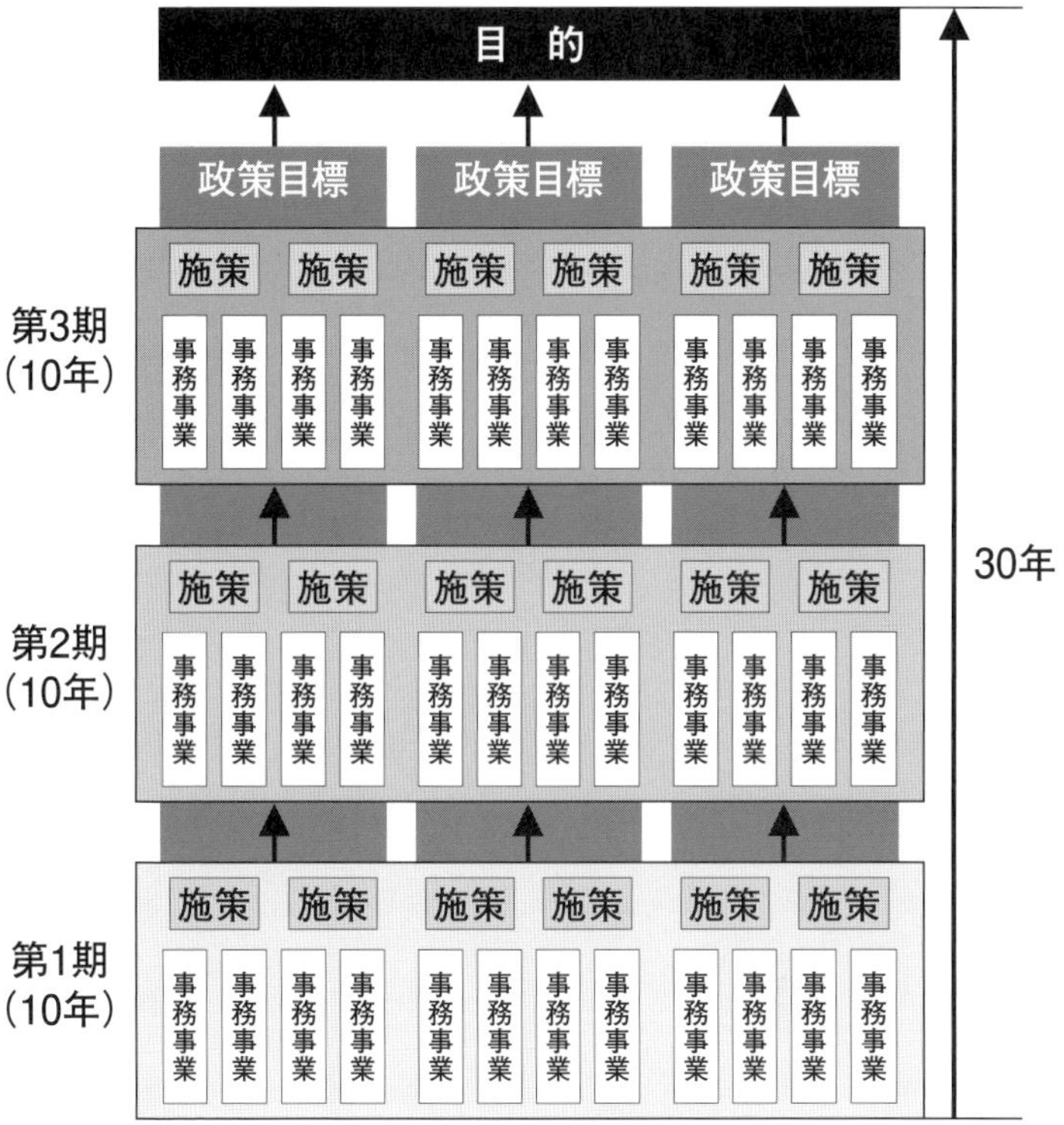

図4-2　戦略的計画の枠組み

を考慮する必要があり（「戦略計画実現性の評価」）、地域の状況、技術的可能性、行政上の課題（職員数、予算等）、政治的課題、法的制約、経済状況、環境に対する影響、といった項目について調査を行い、その結果に基づき最終的な実施計画が決定される。

以下に、具体的に二〇〇四年新潟県中越沖地震で大きな被害を受けて新潟県小千谷市の復興計画策定のプロセスと京都府の防災アクションプログラムの策定のプロセスについて示す。

〔2〕小千谷市の復興計画[x]

新潟県小千谷市は、二〇〇四年に発生した新潟県中越沖地震により死者一三名、全半壊約三千棟という大きな被害を受けた。小千谷市の復興計画は計五回（職員ワークショップ三回、市民ワークショップ二回）のワークショップを通じて、一、六九〇のさまざまな機会を通じて生成されたアイディアを、戦略計画の形式に整理を行ったものである。復興計画は具体的には、①復興を考える上で大切なことを明確にする（現状分析）、②「復興目標」の確定、③戦略計画の策定、④重要施策の抽出、⑤アクションプランの策定、という五つの段階で策定された。

現状分析を行うため、職員ワークショップでは、小千谷市の強み・弱み・機会・脅威を考えるＳＷＯＴ分析、市民ワークショップでは「小千谷市が震災を乗り越え、より良いまちになるために必要なこと」として，①直すもの・元にもどすもの、②避けるもの・やめ

写真4-2　新潟県中越沖地震による被災家屋の被害状況

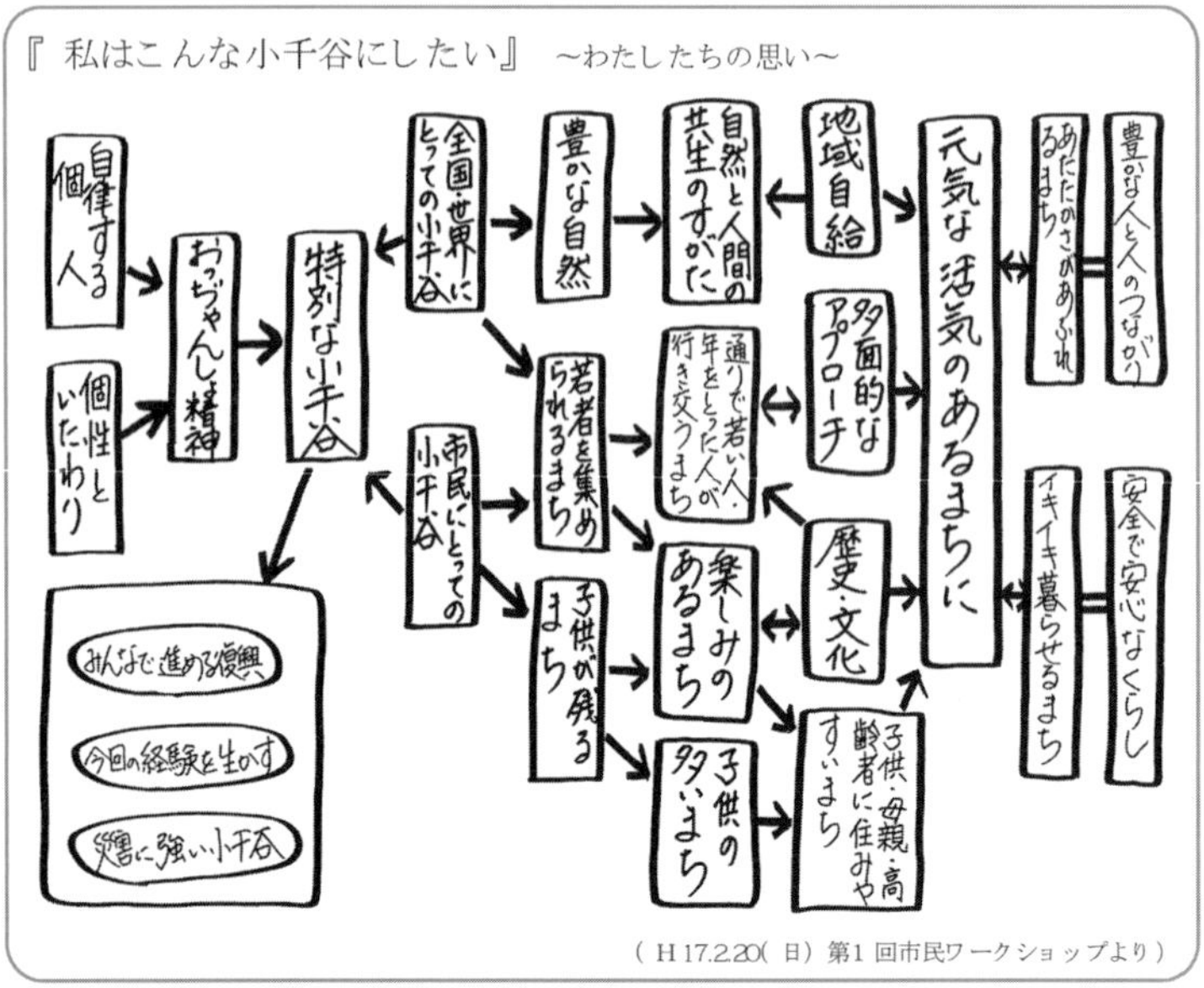

図4-3　小千谷市における市民参画型の復興計画
（小千谷市、小千谷市復興計画、平成17年7月19日）

写真4-3　小千谷市における復興計画ワークショップの開催

るもの・改めるもの、③守るもの・続けるもの、④のばすもの・はじめるもの、について検討を行い、「復興計画を考える上で大切なこと」として六つの項目の抽出を行った。その結果に基づき、「小千谷市が震災を乗り超え、より良いまちになる」ための重要なことは、①生活を再建し、安心して生活できるまちにする、②豊かな自然の恵みを活かし、経済、産業を活性化する、③災害に強いまちになるよう、社会基盤の整備を行う、④震災直後の人の輪、助け合いを財産として活かし、伝統文化や郷土愛にあふれる充実した地域コミュニティを創造する、⑤あらゆる災害に対応できる、事前・事後、復興までを見据えた、命を守る防災体制を、協働で構築する、⑥財政破綻をしない復興、市民全員の復興、全国に対する誇りをもった復興をする、であり、この六つの項目を復興目標として設定した。

その後、戦略計画策定のために、復興目標を実現するための方策について、生成されたアイディアをもとに構造化、アイディアの再生成というプロセスを繰り返し、最終的に六つの目標を実現するための手段として三一の方針、一九二の施策の抽出を行った。

小千谷市の復興に対する基本的な考え方は「何を優先し、場合によっては、何を我慢しなければならないのか。このことを市民みんなで、共有し、今後も復興の進み具合をみんなで確認しながら、自分たちのまちづくりをすすめる」ということであり、次のステップとして市民による投票により施策の優先順位づけを行った。

復興計画策定の最終段階は、各事業の実施主体、実施時期についても定めたアクションプランの策定である。小千谷市の復興計画では、施策の優先順位づけのステップまでは市民ワークショップにより実施されたが、アクションプログラムの策定については、具体的な事業制度等、専門的な知見が必要となることから、事業検討のため公募市民二五名、関係民間団体九名、市職員三九名が三つのワーキンググループを構成し、検討が行われた。

小千谷市の復興計画策定は、発災から二カ月後から始まり、二〇〇五年一月五日に専門家・神戸市の行政職員による、復興計画の意味についての講演会が行われた。その結果、復興計画策定の重要性が認識され、その後、一月二八日に第一回職員ワークショップ、二月二〇日に第一回市民ワークショップが行われ、震災から半年後の四月一〇日に戦略計画が確定し、九カ月後にアクションプランを含む「小千谷市復興計画」が確定するという流れで実施された。小千谷市の復興計画策定の経験は、東日本大震災により大きな被害を受けた福島県南相馬市にも引き継がれている。小千谷市は南相馬市に職員を派遣し、復興計画策定支援を行った。

[3]「京都府戦略的防災指針」の作成

計画の策定という意味では、復興計画の策定と同様の流れであるが、防災計画の策定の例として、京都府の防災戦略策定について紹介する。京都府の戦略防災対策は国が設定した防災戦略に対応した地域目標を設定するために策定されたものであり、計画期間を一〇年としている。

防災・危機管理部局だけでは実行できるものではなく、行政の全分野にわたる総合的な

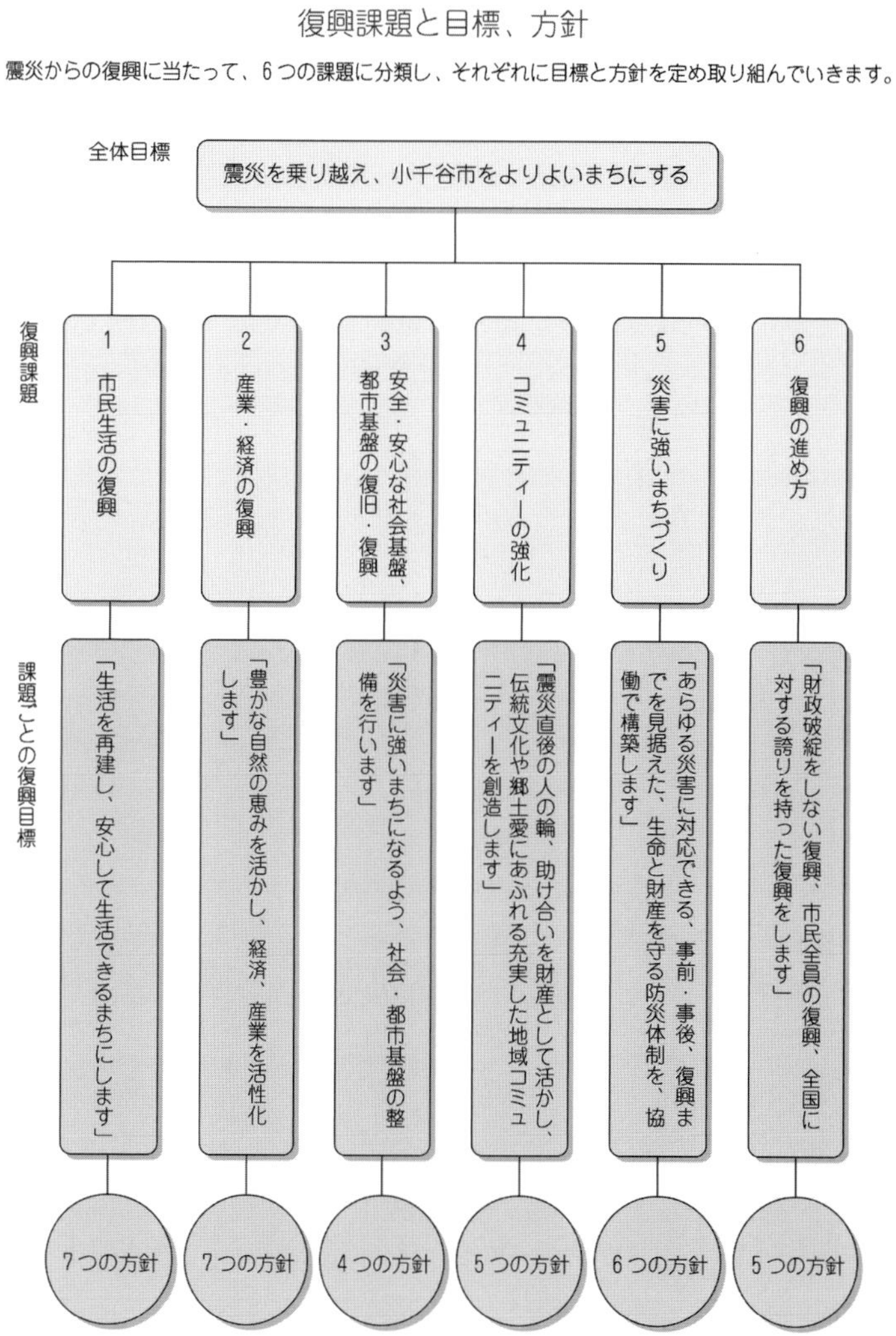
復興課題と目標、方針
震災からの復興に当たって、6つの課題に分類し、それぞれに目標と方針を定め取り組んでいきます。
全体目標
震災を乗り越え、小千谷市をよりよいまちにする
復興課題
1 市民生活の復興
2 産業・経済の復興
3 安全・安心な社会基盤、都市基盤の復旧・復興
4 コミュニティーの強化
5 災害に強いまちづくり
6 復興の進め方
課題ごとの復興目標
「生活を再建し、安心して生活できるまちにします」
「豊かな自然の恵みを活かし、経済、産業を活性化します」
「災害に強いまちになるよう、社会・都市基盤の整備を行います」
「震災直後の人の輪、助け合いを財産として活かし、伝統文化や郷土愛にあふれる充実した地域コミュニティーを創造します」
「あらゆる災害に対応できる、事前・事後、復興までを見据えた、生命と財産を守る防災体制を、協働で構築します」
「財政破綻をしない復興、市民全員の復興、全国に対する誇りを持った復興をします」
7つの方針
7つの方針
4つの方針
5つの方針
6つの方針
5つの方針

図4-4　小千谷復興計画の6つの目標（小千谷市、小千谷市復興計画、平成17年7月19日）

主要施策１　緊急的対応

○放射性物質による汚染対策

・モニタリングの充実や正確な情報開示を行うとともに、除染計画の策定・推進、市民の健康調査等を実施することにより、汚染への不安の払拭を図ります。

○市民生活の応急的復旧

・市民生活にとって必要不可欠な住居、医療、福祉、雇用、教育などについて、応急的措置を講じるとともに、正確な情報提供を迅速に行いながら、インフラ、学校等各種施設の復旧に取り組み、市民の生活再建を支援します。

主要施策２　市民生活復興

○すべての市民が安心して暮らすことができるまちの再生

・子どもから高齢者まで、すべての市民が安全で安心な環境の下で、健康でいきいきと暮らすことのできるまちをつくります。

○コミュニティ、地域の絆の復活

・市外に避難され、離ればなれになった市民や、仮設住宅等に居住する市民のコミュニティを確保するとともに、伝統文化の継承などにより、地域の絆をより深め、住みよいまちをつくります。

主要施策３　経済復興

○産業の再生

・雇用を確保し、市民生活を安定させるため、一刻も早く産業復旧を果たすとともに、地域経済復興を図ります。

○新たな産業の創出

・地域特性と地域資源を生かした新たな産業を興すことで、地域活力を取り戻します。

図4-5　南相馬市復興計画の6つの目標
（南相馬市、南相馬市復興ビジョン、平成23年8月17日）

主要施策4　防災まちづくり

○災害に強いまちの創造

・甚大な被害をもたらした今回の災害を教訓として、ハード・ソフト両面にわたる災害対策の充実を図り、安全・安心のまちをつくります。

主要施策5　人づくり・子育て環境の充実

○未来を拓く子どもの育成・世代を超えた人づくり

・次代を担う子どもたちが、将来への希望に輝き、豊かな自然の中で、健康ではつらつと育つことのできる環境を取り戻します。また、被災したことにより命の尊さやふるさとの大切さを学ぶとともに、困難に立ち向う強さをあわせ持った子どもたちを育みます。
・これからの復興を担う若者を含む市民が、自らの知識と能力を発揮するとともに、やさしさや思いやりを持った地域のリーダーとして活躍できるよう育成を図ります。

○子育てしやすい環境の整備

・安全・安心の環境の下で、子育て支援策を充実させるとともに、地域と家庭と学校等が協働して子育てに取り組みます。

主要施策6　原子力災害の克服

○放射性物質による汚染への対応

・放射性物質による汚染への対策として除染を確実に実施することにより、すべての市民が地域に戻り、安心して暮らせる環境を整えるとともに、放射線被ばくによる市民の健康不安を解消するための研究・医療に積極的に取り組みます。

○「復興モデル」の世界発信

・「脱原発」の考えの下、あらゆる英知を結集して原子力災害を克服するとともに、原子力から再生可能エネルギーへの転換やその拠点づくり、省エネルギー政策の推進など環境との共生を目指し、南相馬ならではの創造的「復興モデル」を世界に発信します。

写真4-4　京都府の防災担当職員による防災計画策定ワークショップ

取り組みが必要となる。「京都府戦略的地震防災対策指針」は、全部局の職員さらには市町村の防災担当職員が参画する計六回のワークショップを通じて計画策定が行われ、延べ四三三人の京都府・府下の市町村の職員が参画した。全部局の職員が参画する形式での計画策定には、(1)全部局・市町村の職員の参画し、みんなで知恵を出し合うことにより「抜け・漏れ・落ち」のない総合的な計画を策定することができる、(2)参画職員の資質の向上が図られる（防災意識、参画型での計画技術等）、(3)計画策定プロセスから各部局・市町村が参画しているため、計画実施時に各部局の協力を得やすく実効性をもった計画が策定される、といった利点がある。

ワークショップ形式での計画策定は、参加者の頭の中にあるアイディアをカードに書くことによって共有し（「アイディアの生成」）、さらに計画という形式に整理し（「構造化」）、整理された結果が良いかどうかについて確認する（「合意形成」）という流れを何度か繰り返すというプロセスで実行される。アイディア生成はワークショップにおいて繰り返し実行され、また庁内公募によってもアイディアの収集が行われ、計一、四一五のアイディアに基づき、「京都府戦略的地震防災対策指針」は策定された。

アイディアの構造化は目的手段関係で計画を策定していく「戦略計画」の枠組みに基づいて行われた。京都府地震防災戦略指針の基本理念は、「地震等の大災害から府民の生命・身体・財産を守り、安心・安全、希望の京都を実現する」であり、この基本理念を実現するために、①なにを実施すれば良いのか（What）、②どのように実施するのか（How）、について検討するという流れで計画策定が行われた。具体的には第二回ワークショップ「政策目標レベル」の決定、第三回ワークショップ「目標・施策項目レベル」の決定というように「上から順番に」計画内容の検討が行われていった。同じく構造化についても順次「目的手段関係」が明確な形式に整理が進められていった。

京都府戦略的地震防災対策指針では、政策目標として、(1)地震につよい京都のまちづくりをすすめる、(2)地震時のすまいの安全、地震後のすまいの安心をまもる、(3)地震につよい京都の人づくりをすすめる、(4)行政の危機対応能力の向上をはかる、(5)災害後の府民生活を守る、(6)京都らしさ保った復興を実現する、(7)京都経済を維持する、という七つが設定された。京都府の計画の特徴として「京都らしさを保った復興を実現する」「京都経済を維持する」という復興や地域の業務継続を目標とした項目が達成目標として設定されていることがある。この七つの目標を実現するために、二三の目標、六一の施策が設定された。また、府民の生命と生活を守る、京都らしさを守る、地域力を高めるという三つの具体目標が定められ、さらにそれぞれに対応するいくつかの数値目標が設定された。

戦略計画は、ある目的を達成するための手段、という目的手段となる構造をもっており、計画を策定する際の思考のプロセスとしては適切であり、施策の抜けやもれ落ちを防ぐことができる。しかしながら、戦略計画のツリー状の構造は、実際に対策を実施する場合の流れとはなっていない。そのため、その施策から実施していく必要があるのかということを検討する際には、別途に施策相互の連関図を作成する必要がある。京都府の計画では別

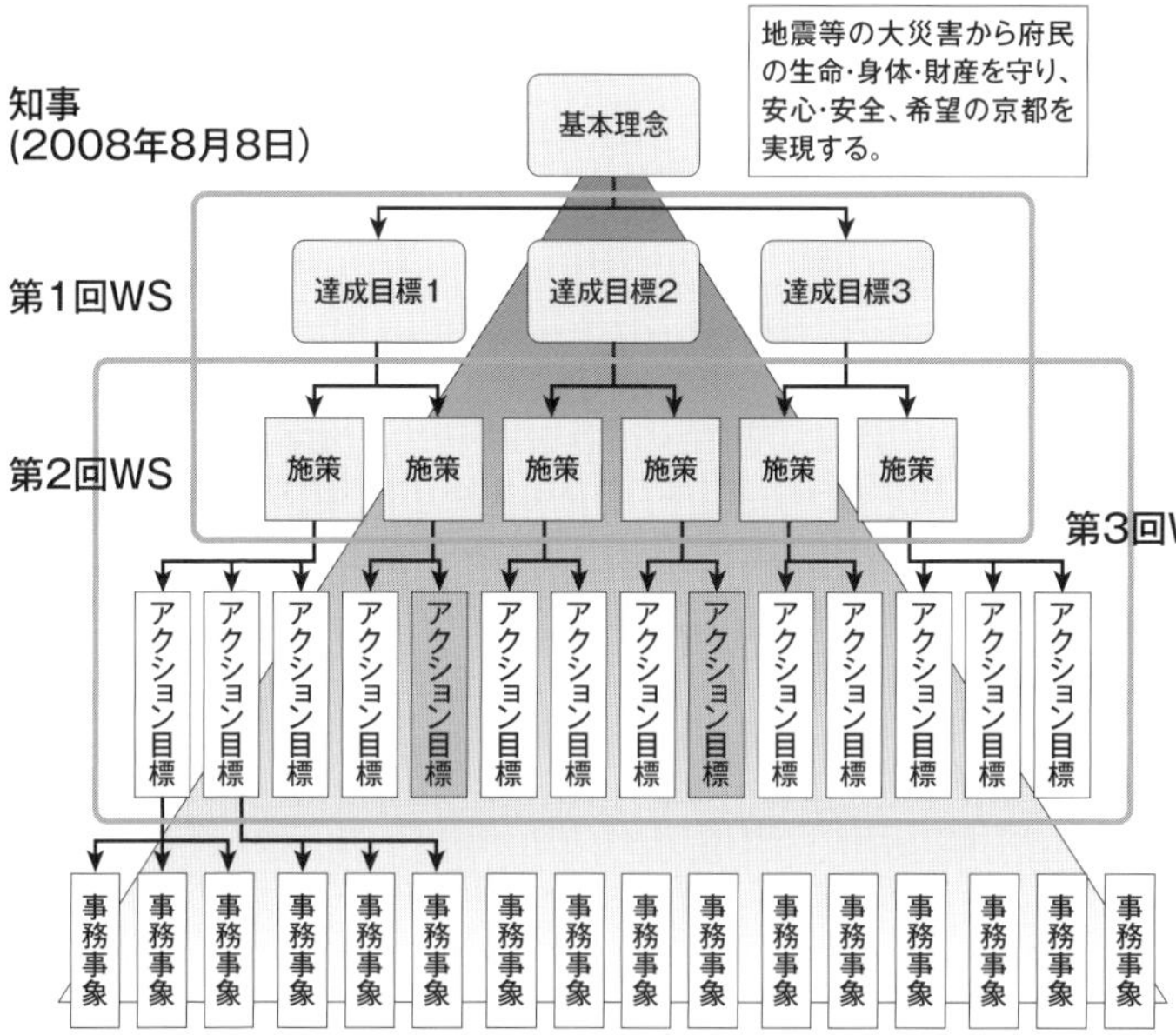

図4-6　京都府における戦略的な防災対策指針の構造と計画策定のプロセス

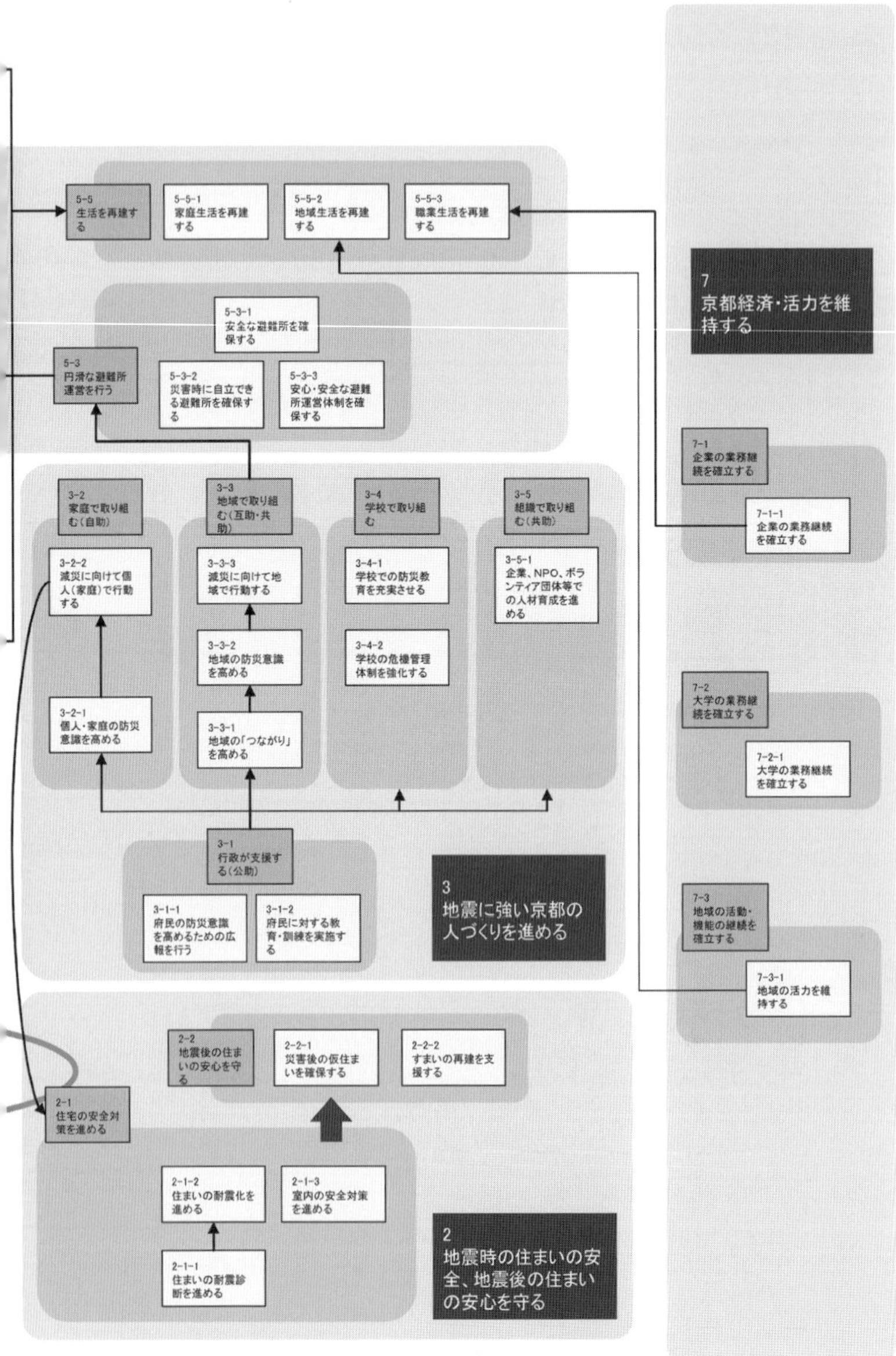
5-5
生活を再建する
5-5-1
家庭生活を再建する
5-5-2
地域生活を再建する
5-5-3
職業生活を再建する
5-3-1
安全な避難所を確保する
5-3
円滑な避難所運営を行う
5-3-2
災害時に自立できる避難所を確保する
5-3-3
安心・安全な避難所運営体制を確保する
7
京都経済・活力を維持する
7-1
企業の業務継続を確立する
7-1-1
企業の業務継続を確立する
7-2
大学の業務継続を確立する
7-2-1
大学の業務継続を確立する
7-3
地域の活動・機能の継続を確立する
7-3-1
地域の活力を維持する
3-2
家庭で取り組む（自助）
3-3
地域で取り組む（互助・共助）
3-4
学校で取り組む
3-5
組織で取り組む（共助）
3-2-2
減災に向けて個人（家庭）で行動する
3-3-3
減災に向けて地域で行動する
3-4-1
学校での防災教育を充実させる
3-5-1
企業、NPO、ボランティア団体等での人材育成を進める
3-3-2
地域の防災意識を高める
3-4-2
学校の危機管理体制を強化する
3-2-1
個人・家庭の防災意識を高める
3-3-1
地域の「つながり」を高める
3-1
行政が支援する（公助）
3-1-1
府民の防災意識を高めるための広報を行う
3-1-2
府民に対する教育・訓練を実施する
3
地震に強い京都の人づくりを進める
2-2
地震後の住まいの安心を守る
2-2-1
災害後の仮住まいを確保する
2-2-2
すまいの再建を支援する
2-1
住宅の安全対策を進める
2-1-2
住まいの耐震化を進める
2-1-3
室内の安全対策を進める
2-1-1
住まいの耐震診断を進める
2
地震時の住まいの安全、地震後の住まいの安心を守る

（京都府、京都府戦略的地震防災対策推進プラン、平成21年4月）

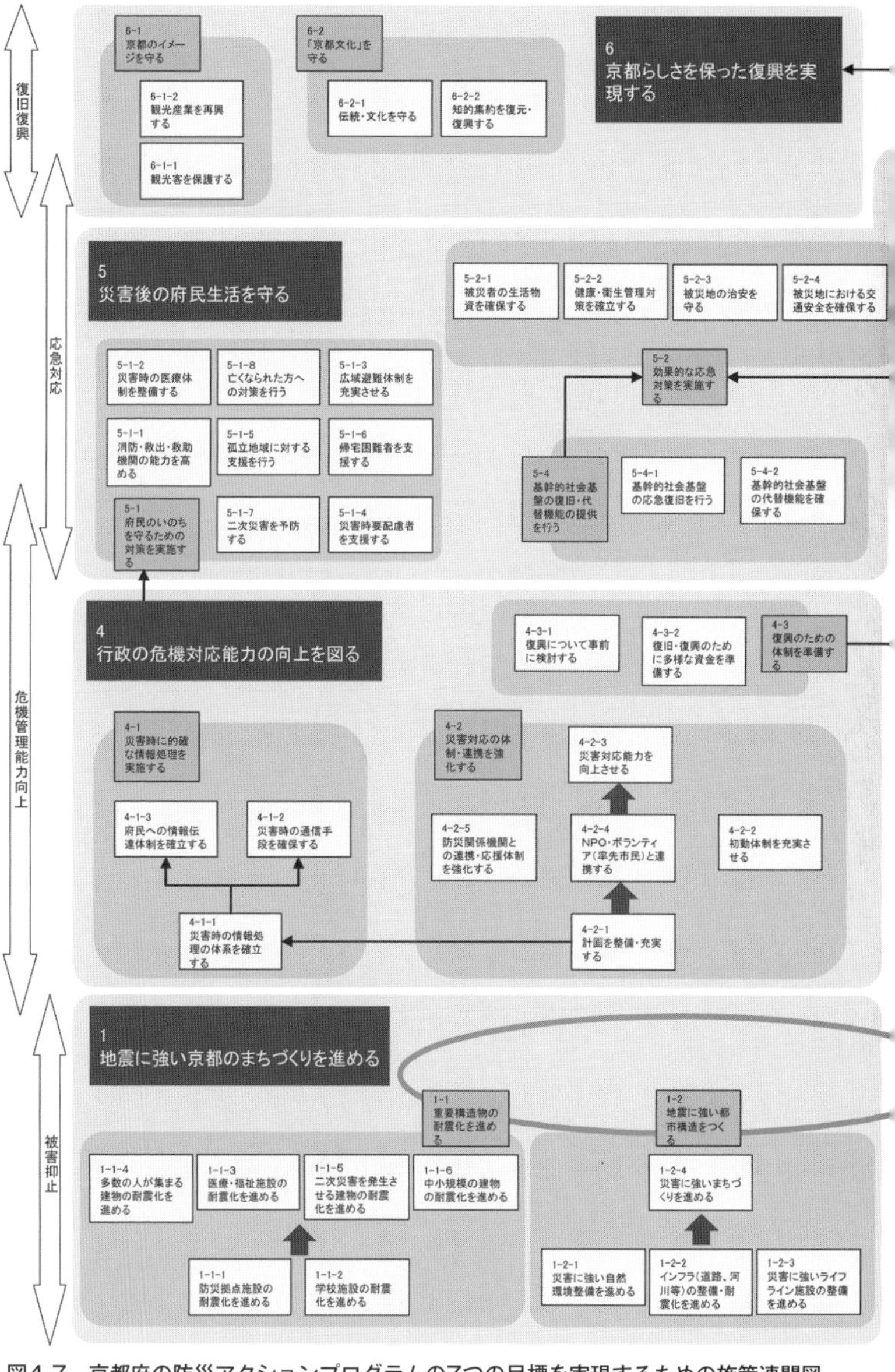

復旧復興
応急対応
危機管理能力向上
被害抑止
6-1
京都のイメージを守る
6-1-2
観光産業を再興する
6-1-1
観光客を保護する
6-2
「京都文化」を守る
6-2-1
伝統・文化を守る
6-2-2
知的集約を復元・復興する
6
京都らしさを保った復興を実現する
5
災害後の府民生活を守る
5-2-1
被災者の生活物資を確保する
5-2-2
健康・衛生管理対策を確立する
5-2-3
被災地の治安を守る
5-2-4
被災地における交通安全を確保する
5-2
効果的な応急対策を実施する
5-1-2
災害時の医療体制を整備する
5-1-8
亡くなられた方への対策を行う
5-1-3
広域避難体制を充実させる
5-1-1
消防・救出・救助機関の能力を高める
5-1-5
孤立地域に対する支援を行う
5-1-6
帰宅困難者を支援する
5-1
府民のいのちを守るための対策を実施する
5-1-7
二次災害を予防する
5-1-4
災害時要配慮者を支援する
5-4
基幹的社会基盤の復旧・代替機能の提供を行う
5-4-1
基幹的社会基盤の応急復旧を行う
5-4-2
基幹的社会基盤の代替機能を確保する
4
行政の危機対応能力の向上を図る
4-3-1
復興について事前に検討する
4-3-2
復旧・復興のために多様な資金を準備する
4-3
復興のための体制を準備する
4-1
災害時に的確な情報処理を実施する
4-1-3
府民への情報伝達体制を確立する
4-1-2
災害時の通信手段を確保する
4-1-1
災害時の情報処理の体系を確立する
4-2
災害対応の体制・連携を強化する
4-2-3
災害対応能力を向上させる
4-2-5
防災関係機関との連携・応援体制を強化する
4-2-4
NPO・ボランティア（率先市民）と連携する
4-2-2
初動体制を充実させる
4-2-1
計画を整備・充実する
1
地震に強い京都のまちづくりを進める
1-1
重要構造物の耐震化を進める
1-2
地震に強い都市構造をつくる
1-1-4
多数の人が集まる建物の耐震化を進める
1-1-3
医療・福祉施設の耐震化を進める
1-1-5
二次災害を発生させる建物の耐震化を進める
1-1-6
中小規模の建物の耐震化を進める
1-1-1
防災拠点施設の耐震化を進める
1-1-2
学校施設の耐震化を進める
1-2-4
災害に強いまちづくりを進める
1-2-1
災害に強い自然環境整備を進める
1-2-2
インフラ（道路、河川等）の整備・耐震化を進める
1-2-3
災害に強いライフライン施設の整備を進める

図4-7　京都府の防災アクションプログラムの7つの目標を実現するための施策連関図

途に「施策連関図」の策定が行われ、施策の実施の優先度の決定を検討が行われた。

3●計画の評価[xi]

【1】評価の方法

計画の評価を行う上で重要なのは、設定した目標が実現されているのかについて評価を行うことである。評価のための指標には「アウトカム指標」、「アウトプット指標」の二つがある。アウトカムとは「サービスやプログラムがその目的、達成目標をどの程度達成したか、顧客または社会に望ましい影響をどの程度与えたかを測る測定方法のこと」であり、アウトプットは「行政機関またはそのプログラムがどれだけの単位の財やサービスを生産したかを測る測定方法」と定義[xii]される。大学に合格するという目標を設定した場合、合格したかどうかがアウトカムであり、どれだけ勉強したのかがアウトプットということになる。あたり前のことであるが、計画に記載された項目を実施したのか（どれだけ勉強をがんばったのか）、ではなく、目標が達成されたかどうか（合格したか）、についての評価を行うことが重要である。

危機管理のための対策は、被害を出さないための対策（「被害抑止」）と、発生した被害を最小限に留める（「被害軽減」）、という二つの対策から構成されている。人的被害半減、経済被害半減という政府の防災戦略は主として「被害抑止」のための「アウトカム指標」

を定めるものではあるが、「被害軽減」対策の効果についての標準的な「アウトカム指標」は設定されていない。

災害後の対応に関わる「指標」の一つの考え方として、目標復旧時間の設定がある。国土交通省では、首都圏直下地震を視野に入れた継続計画を策定しており、その中で災害対応以外の「一般業務」については「一時間＝航空機の運行管理、一二時間＝首都圏以外の事故・自然災害対応、河川情報提供等」といった目標復旧時間を定めており、「被害軽減」を目的とした「アウトカム指標」設定の一つの考え方を示している。

また、京都府戦略的防災指針の事例で説明した「施策連関図」を用いて「アウトカム指標」を設定するという方法も考えられる。「施策連関図」を見るとある目標を達成するための施策の実施手順がわかる。目標達成のためには施策連関図の根元にある施策（＝コアとなる課題）が最も優先して実施すべき課題であり、そのことを実現することが最優先課題となる。したがって、論理的には、ある目標を実現する上でのコアとなる課題についての数値目標を目標実現のための評価指標と考えることは可能である。その一方で、防災・復興といった社会的な課題は、計画実現の前提となるさまざまな社会的な条件（県民の意向、技術的課題、予算・スタッフ、議会等、法律、経済効果、環境）も存在し、論理的に設定された指標が社会的に認められない場合もある。論理的分析に加えて社会的条件も考慮した上で指標を設定していく必要がある。

また、設定した「アウトカム指標」の達成のためには、計画実現に参加する関係者のがんばりも重要な要素である。したがって、評価には行政だけでなく市民をはじめとするさまざまな関係者も参画することが重要である。環境の分野では、市民参画型で「アウトカム指標」の設定を行うと共に、評価のためのデータ収集に市民が参画する形式での計画評価が実施されている。防災対策の実現、さらには復興実現のためには、市民、さらにはさまざまな団体の参画が不可欠であり、今後、環境問題と同様、市民も含めたかたちでの防災評価の取組が求められる。

[2] 阪神・淡路大震災の復興評価

阪神・淡路大震災では、兵庫県、神戸市をはじめ、大きな被害を受けた多くの自治体で復興をマネジメントするため、復興状況の検証を行い、検証結果に基づき計画の見直しが実施された。各自治体の復興計画は計画期間を一〇年としており、計画期間の中間年（四～六年目）に検証・計画の見直し、また最終年（九～一〇年目）に復興検証を実施している。

総括的な検証に加え、「復興モニター調査」（復興課題をステークホルダーに対するヒアリングにより把握）や「生活復興調査」（被災地住民を対象とした質問紙調査）、「災害復興公営住宅団地コミュニティ調査」〈以上、兵庫県〉といった復興状況調査、「しみんしあわせ指標」〈神戸市〉によるなど、質問紙調査や指標を用いた復興状況のモニタリングが行われた。

計画評価は、①ニーズ評価、②セオリー評価、③実施評価、④アウトカム評価、⑤効率

計画公表		1～2年目（H7～8年度）	3年目（H9年度）	4年目（H10年度）	5年目（H11年度）	6年目（H12年度）	7年目（H13年度）	8年目（H14年度）	9年目（H15年度）	10年目（H16年度）	11年目（H17年度～）
兵庫県	阪神・淡路大震災復興計画（7. 31）	復興計画推進委員会被災者復興支援会議		復興計画推進会議被災者復興支援会議		策定委員会被災者復興支援会議	フォローアップ委員会被災者復興支援会議				フォローアップ委員会
			「創造的復興への提言」→「復興計画推進方針」		震災対策国際総合検証事業	阪神・淡路大震災後期5カ年推進プログラム		阪神・淡路大震災最終3カ年推進プログラム	復興10年総括検証		
神戸市	復興計画（6. 30）	復興計画懇話会		復興・活性化推進懇話会							
				震災復興総括・検証		復興計画推進プログラム			復興の総括検証		
芦屋市	震災復興計画（7. 31）									震災復興10年総括・検証	
西宮市	震災復興計画（6. 9）					震災復興6年の総括				震災復興10年・西宮からの発信	
宝塚市	震災復興計画（6. 30）									復興の足跡	

表4-1　阪神・淡路大震災復興計画

性評価、という順序で実施される[xiii]。ニーズ評価とは、正しく問題認識が行われているかどうかの評価であり、問題認識のプロセスでステークホルダーの参画が行われているのかについても検証が必要である。セオリー評価とは、問題となる事象についての「原因と結果」が正しく認識されているかどうかについての評価であり、具体的には問題の解決へと至る道筋が施策の連関図として正しく示されているかどうかについての検証が実施される。京都府の事例で説明した施策連関図が正しく作成されているのかという評価がセオリー評価にあたる。実施評価とはアウトプット評価のことであり、アウトカム評価も先述の通りである。効率性評価とは費用に対してどれだけの効果が出るのかについての評価であり、公共事業で実施されるコストベネフィット評価がこれに対応する。評価というとコストベネフィットばかりが注目されるが、まず、果たしてその事業が必要なのかどうかというニーズが正しく把握されているのか、(「ニーズ評価」)が最初に問われるべき問題である。

このように評価を実施する際にはさまざまな側面から評価を実施する必要があり、評価項目からわかるように策定された計画の枠組みに従って評価は実施される。評価は計画策定時から始まっており、計画策定時にステークホルダー参画型で、①「ニーズ評価」を行い、明らかになったニーズに対して、②「セオリー評価」ならびに、③「効率性評価」を実施する。計画実行段階では④「実施評価」、⑤「アウトカム評価」を実施し〈問題があれば、①「ニーズ評価」、②「セオリー評価」に戻る〉、計画終了時には、③「実施評価」、④「アウトカム評価」、⑤「効率性評価」を実施する、というのが基本的な流れである。

阪神・淡路大震災ではさまざまな手法により評価が実施されており、ニーズ評価の手法として市民に対する質問紙調査と、ワークショップ形式での検証作業が実施されている。質問紙調査を実施する上でも、「何が問題なのか」についてまず把握した上で、質問紙調査による量的な検討を行う必要がある。「正しく問題を認識する」というニーズ評価を実施する上で、市民参画型のワークショップに加えて、さまざまなステークホルダーによるワークショップ形式での検証は必要不可欠な作業である、その点で、阪神・淡路大震災の復興についての事後評価において行われたNPO、外国人といったステークホルダー別でのワークショップ（神戸市）、「復興モニター調査」（兵庫県）は復興評価を行う上で重要な試みであると考えられる。

セオリー評価の事例としては、神戸市の中間評価における検証分野ごとの施策連関図作成がある。神戸市では検証結果をふまえ作成された施策連関図に基づき、計画の見直し（「神戸市復興計画推進プログラム」）が実施された。また、研究者による施策連関モデルの構築も行われており、立木[xiv]らは生活復興過程のモデル化を行っている。

復興計画の事業が実施されたかどうか、というアウトプットの評価はいずれの検証においても実施されている。事務事業評価の考え方に基づき、実施評価を行い公表している事例として芦屋市の事後評価[xv]がある。芦屋市の復興検証においては復興計画に記載された事業について、①実施してきたこと、②実施してきたことの今後の継続的な取り組み・拡大・充実、③実施してきたことの中で発生した問題、④計画に掲載されているができていないこと及び現在の課題、という四つのカテゴリーでの評価を行っている。

アウトカム指標での評価の試みとしては、達成目標ごとの評価ではないが、神戸市による「しみんしあわせ指標」[xvi]を用いた評価がある。神戸市では中間評価をふまえた計画見直しの結果策定された「復興推進プログラム」を推進するにあたり、二〇〇一年に市民と行政の協働で実現する指標として「しみんしあわせ指標」を設定している。指標は、行政・市民・ステークホルダーの協働作業として行われ、①市民参画型でのワークショップ（一二七名参加）、②専門家、学識経験者とのワークショップ、ヒアリング（四九名）というプロセスで指標が設定された。また、研究者により阪神・淡路大震災の事例の分析から「業績指標」として利用可能な「生活再建指標（ＲＩ）」[xvii]、「生活再建七要素」[xviii]といった指標も提案されている。

日本の復興計画では、予算額が示されておらず効率性評価が可能な仕組みも担保されていない。さらに自治体の復興検証においては効率性の評価は行われていない。しかしながら、予算・決算額を示した事例としては、中間評価・事後評価の報告書に、事業ごとの予算・決算額を記載した西宮市の事例[xix]、事後評価の中で総事業費一六兆三千億円というとりまとめを行った兵庫県の事例[xx]がある。

4 小千谷市における復興評価

ここからは、具体的な復興評価の事例として、復興計画の策定方法について記述した、小千谷市における復興評価の事例を紹介する。小千谷市の復興評価では、①復興事業の実施状況に関する行政検証（アウトプット評価）、②市民に対する質問紙調査（アウトカム評価）、③統計情報による復興進捗状況の評価、④市民ワークショップ、という四つの方法により復興評価を行い、さらに復興評価の結果をふまえ市民ワークショップで復興計画の見直しを実施した。復興の進捗をモニターする上で、アウトプット指標（どれだけ小千谷市が復興したのか）が重要である。しかしながら、計画の見直しという側面から考えると、復興が進捗していない理由として、⑴復興事業を実施していないために復興が進捗しない、⑵事業は着実に実施しているが復興が進捗しない、という二つの問題が考えられる。そのため、アウトカム指標（質問紙調査、統計情報の評価）に加えて、アウトプット指標（事業はどれだけ実施されたのか）についての検証も実施した。また小千谷市の復興計画は行政だけが実行する計画ではなく、市民と協働で実施する計画であるため、見直しについても市民ワークショップを実施し見直し方針の決定を行った。

アウトプット評価については、復興計画に記載された全二五六事業の内、市民が実施する自助の事業を除く二五一の事業などの実施状況（アウトプット）について、A／完了、B／計画どおり進行中、C／計画どおりに進行していない、D／今後取り組む予定、E／

実施したくてもできない、F／実施する必要性がない、という六段階での評価を実施した。さらに、個別の事業の評価結果を復興計画の「方針」ごとに進捗率（進捗率＝（A＋B）／達成目標の事業数）の集計を行い、進捗率八〇％以上〇、五〇％以上～八〇％未満△、五〇％未満×として評価した。

復興状況（アウトカム）については、復興計画の中で数値目標を設定することができなかったので、小千谷市民千人を対象とした質問紙調査によるについての検証を行った。復興状況（アウトカム）を評価する上で、「何をもって復興とするのか」が大きな課題となり質問紙調査では、復興目標を実現するための三四の「方針」の進捗状況についての「達成／がんばっている」「道半ば」「努力不足／やっているとは思えない」「よく分からない／関心がない」という四段階評価を質問事項とした。また、統計情報による復興進捗状況評価では、小千谷市が定期的に収集している情報から、「達成目標」ごとに利用可能な項目を抽出し、分析を行った。

市民ワークショップは二〇〇八年一月二六日に市民五一人が参加して実施された。ワークショップは、⑴現状を正しく認識する、⑵現状を踏まえて計画の見直しの方針を確立する、ことを達成目標として実施された。⑴現状を正しく認識、については、ⓐ復興事業の実施状況に関する行政検証（アウトプット）と、ⓑ復興に関する質問紙調査の結果（アウトカム）の両面から、小千谷市の復興状況の確認を行った。⑵計画見直しの方針では、復興目標ごとのグループに分かれて作業を行い、①方針を見直すべき方向を（重要度と満足度）の軸に分類し、②重要度大・満足度小という「強化領域」について、「原因の分析」→「対策のあり方」について検討を行った。この「原因の分析」→「対策のあり方」という検討は、先述の「セオリー評価」に対応するものであり、小千谷市の評価では「効率性評価」以外のすべての評価が実施された。小千谷市では、復興計画の中期目標が完了する二〇一〇年度にも復興検証を同様の手法で行い、中期計画の評価をふまえ、長期計画の見直しが実施されている。

【第四章補注】

i 本章の内容は、牧　紀男、林　春男、田村圭子、実効的かつ総合的な防災アクションプログラムのあり方に関する検討―各都道府県における防災アクションプログラムと計画マネージメント―、地域安全学会論文集、No.8、pp.197-206、2006、に加筆修正を行ったものである。

ii 本章の内容は、牧　紀男、田中　聡、田村圭子、木村玲欧、太田敏一、総合的な復興評価のあり方に関する検討―阪神・淡路大震災と新潟県中越地震の復興検証―、地域安全学会論文集、No.10、pp.225-232, 2008、牧　紀男、第九講・業績評価と進捗管理、林　春男、牧　紀男他、組織の危機管理入門―リスクにどう立ち向えばいいのか（京大人気講義シリーズ）、丸善、2008

iii 本章の内容は、牧　紀男、林　春男、田村圭子、実効的かつ総合的な防災アクションプログラムのあり方に関する検討―各都道府県における防災アクションプログラムと計画マネージメント―、地域安全学会論文集、No.8、pp.197-206、2006、に加筆修正を行ったものである。

iv 静岡県、静岡県地震対策300日アクションプログラム、静岡県、二〇〇五

v 宮城県、第二次みやぎ震災対策アクションプラン―大規模地震による被害を最小限にする県土づくりを目指して

一、宮城県、2010

vi 東京都、震災復興グランドデザイン、東京都、2001

vii 東京都、東京都震災復興マニュアル、東京都、2003

viii 東京都、東京都震災対策事業計画～減災目標の達成に向けて～（平成二〇～二二年度）、東京都、2008

ix 本節の内容は、牧 紀男、第六講・危機管理のための戦略計画、第七講・戦略計画の策定の方法、林 春男、牧 紀男他、組織の危機管理入門―リスクにどう立ち向かうのか―、丸善、pp.57-84、2008 に加筆修正を行ったものである。

x 本節の内容は、牧 紀男、林 春男、立木茂雄、重川希志依、田村圭子、佐藤翔輔、田中 聡、澤田雅浩、小林郁雄、ステークホルダー参加型復興計画策定手法の構築―小千谷市復興計画策定での試み―、京都大学防災研究所年報、第49号、B、pp.137-146、2006 を修正したものである。

xi 本章の内容は、牧 紀男、田中 聡、田村圭子、木村玲欧、太田敏一、総合的な復興評価のあり方に関する検討―阪神・淡路大震災と新潟県中越地震の復興検証―、地域安全学会論文集、No.10、pp.225-232, 2008、牧 紀男、第九講・業績評価と進捗管理、林春男、牧 紀男他、組織の危機管理入門―リスクにどう立ち向えばいいのか（京大人気講義シリーズ）、丸善、2008

xii 上山信一監訳・監修（2001）行政評価の世界標準モデル―戦略計画と業績測定―、東京法令出版

xiii Rossi, H. peter, et.al, evaluation; A Systematic Approach Seventh Edution, SAGE Publications, 2004

xiv 立木茂雄他、阪神・淡路大震災の長期的な生活復興過程のモデル化とその検証、2003 年兵庫県復興調査データへの構造方程式モデリング（SEM）の適用，地域安全学会論文集，No.6、pp.251-260, 2004

xv 芦屋市、震災復興10年芦屋市まち・人・くらし総括検証報告書、芦屋市、2005

xvi 神戸市、ともに目指そう「しみん しあわせ指標」、http://www.city.kobe.jp/cityoffice/06/013/shihyou/page1.html

xvii 柄谷友香他，神戸市社会統計を利用した阪神・淡路大震災後の生活再建指標（RI）の提案，地域安全学会論文集，No.2、pp.213-222, 2000

xviii 田村圭子他，阪神・淡路大震災からの生活再建七要素モデルの検証―2001 年京大防災研復興調査報告―，地域安

全学会論文集，No.3，pp.33-40, 2001

xix 西宮市、阪神・淡路大震災 震災復興一〇年・西宮市からの発信 安全・安心の実現に向けて、西宮市、2005

xx 復興一〇年委員会、阪神・淡路大震災 復興一〇年総括検証・提言報告、第一巻、兵庫県、2005

第五章

巨大災害をどのように見据えるか

1●日本を襲う巨大災害

［1］「南海トラフ」の新被害想定の捉え方

東日本大震災の反省をふまえ、政府の中央防災会議は、地震の規模がM9（津波の波源域も含めるとM9・1）の南海トラフ地震の新たな被害想定を公表した。しかし、これは今後三〇年以内に六〇〜七〇％という高い確率で発生することが予想されている次の南海トラフ地震が、M9クラスの超巨大地震である、ということを意味するものではない。あくまで南海トラフで発生する可能性がある最大規模の地震を考えるとM9になるということである。政府がこのような混乱を招くような情報提供を行ったのには理由がある。宮城県では宮城県沖地震（M8前後）を想定していたが、実際には、岩手から茨城までのいくつかの震源域が連動して動き、また想定震源域より沖側の日本海溝付近で五〇メートルを超すような断層運動が発生した。連動したこと、海の深いところでの大きな断層運動により、想定を大きく超える津波が地域を襲い、特に仙台平野では、地盤沈降を伴う地域もあり、想定していた津波浸水域を大きく越えて津波被害が発生した。人口が多いということもあり、想定外の津波に襲われた宮城県の人的被害は、岩手県と比較するとほぼ二倍に及んだ。

想定を超える津波が発生したということから震災後に実施されたのが、新被害想定である。新想定では東日本大震災を引き起こした東北太平洋沖地震の震源域が、想定していた以上の規模であったことから、南海トラフの巨大地震の震源域について、深部低周波微動

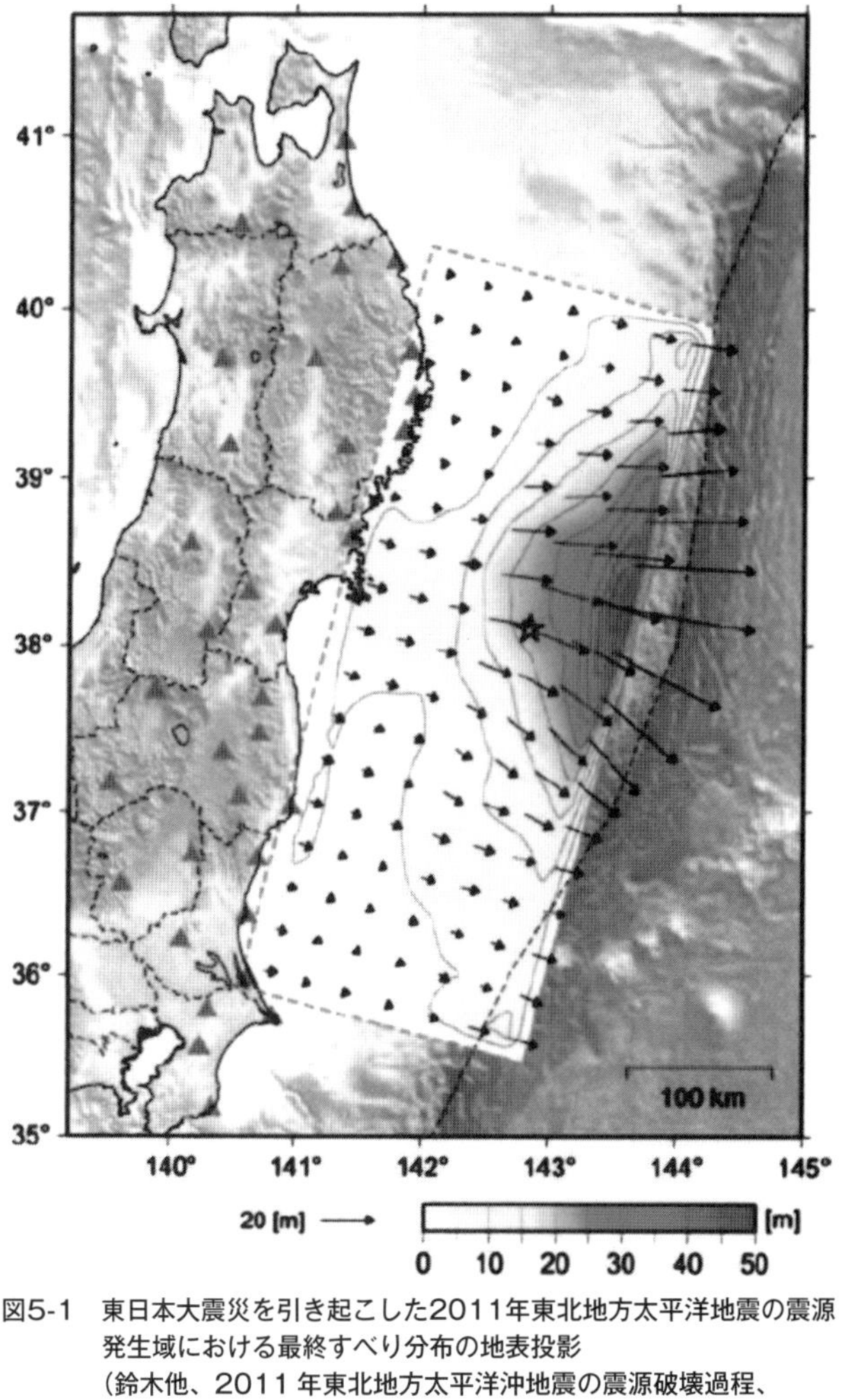

図5-1　東日本大震災を引き起こした2011年東北地方太平洋地震の震源発生域における最終すべり分布の地表投影
（鈴木他、2011 年東北地方太平洋沖地震の震源破壊過程、防災科学技術研究所主要災害調査　第 48 号　2012 年 3 月）

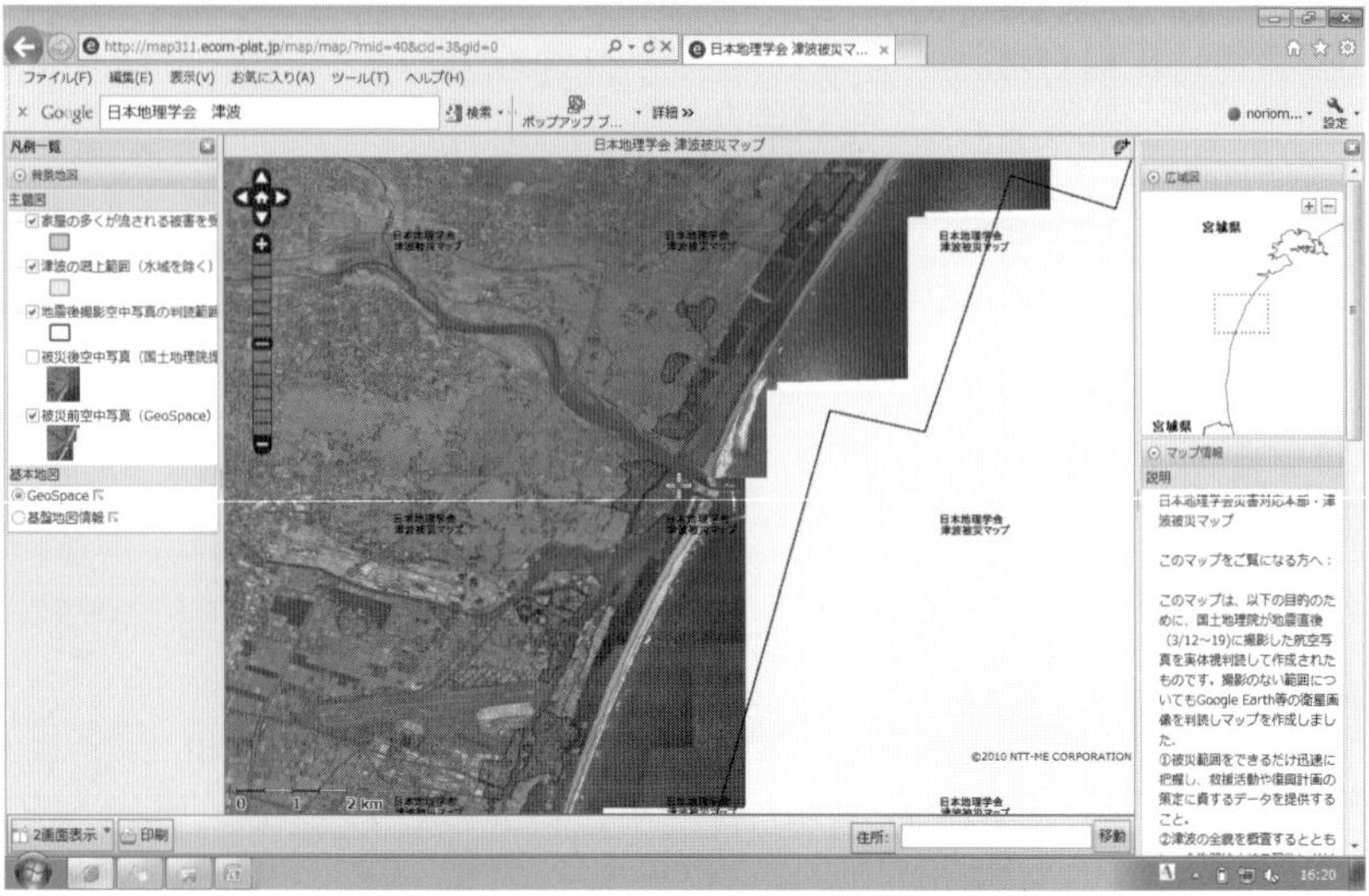

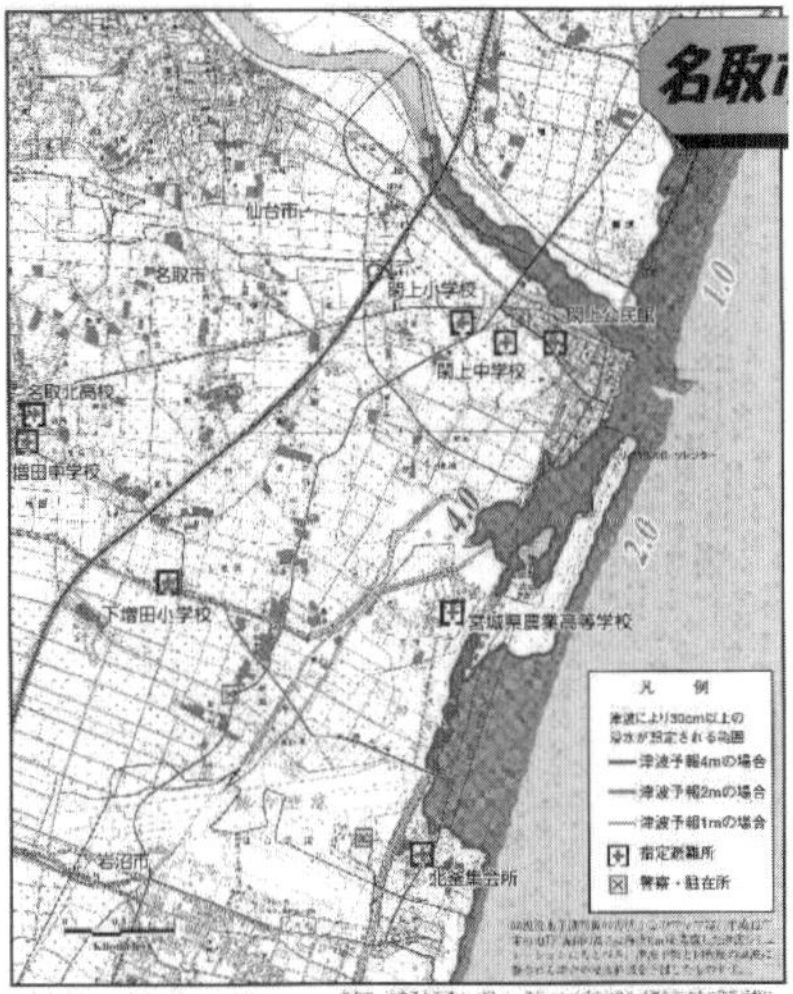

図5-2　想定された津波浸水域と東日本大震災時の実際の浸水域
（上：日本地理学会、津波被災マップより、下：名取市、津波浸水予測マップ、災害前）

が観測されていることなどの理由から、常時滑っており大きな地震を引き起こすことは無いと考えられていた陸側、さらに東海・東南海・南海地震の震源域との連動について、これまで考慮されていなかった西側の日向トラフ、さらに慶長の津波地震を発生させた沖側についても連動して地震を発生されるという前提での被害想定が行われた。しかし、M9の新被害想定はあくまで最大級の地震を考えたものであり、二千年前に起きた超巨大な津波の痕跡はあるが、実際にどのような規模の地震であったのかは不明である。

今回の東日本大震災の被災地では、数十年から百数十年に一回程度の頻度で発生するレベル1津波、数百年から千年に一度程の頻度で発生するレベル2津波という二つのレベルの津波想定に基づき、復興の土地利用計画が策定されている。レベル1については防潮堤で防ぐ、レベル2については土地利用・避難も含めて総合的に考える、というのが基本的な考え方である。南海トラフ地震の新想定はあくまでもレベル2の津波であり、東日本大震災前に検討されていたM8クラスの地震ではレベル1の津波ということになる。では具体的に新規のレベル1津波をどう考えるかであるが、東海・東南海・南海地震が連動して発生した宝永タイプの地震がレベル1津波の基準とすることが妥当であると考える。この二つの津波被害想定をどのように使い分けるのかが問題となるが、新被害想定（レベル2）の目的は、あくまで「命を守る」ということにあり、避難対策のために利用されるものである。新被害想定では避難が困難な地域も発生しており、そのような地域では高台移転、さらには津波避難ビルの建設、学校の移転といったいわゆるハード対策の検討も必要とな

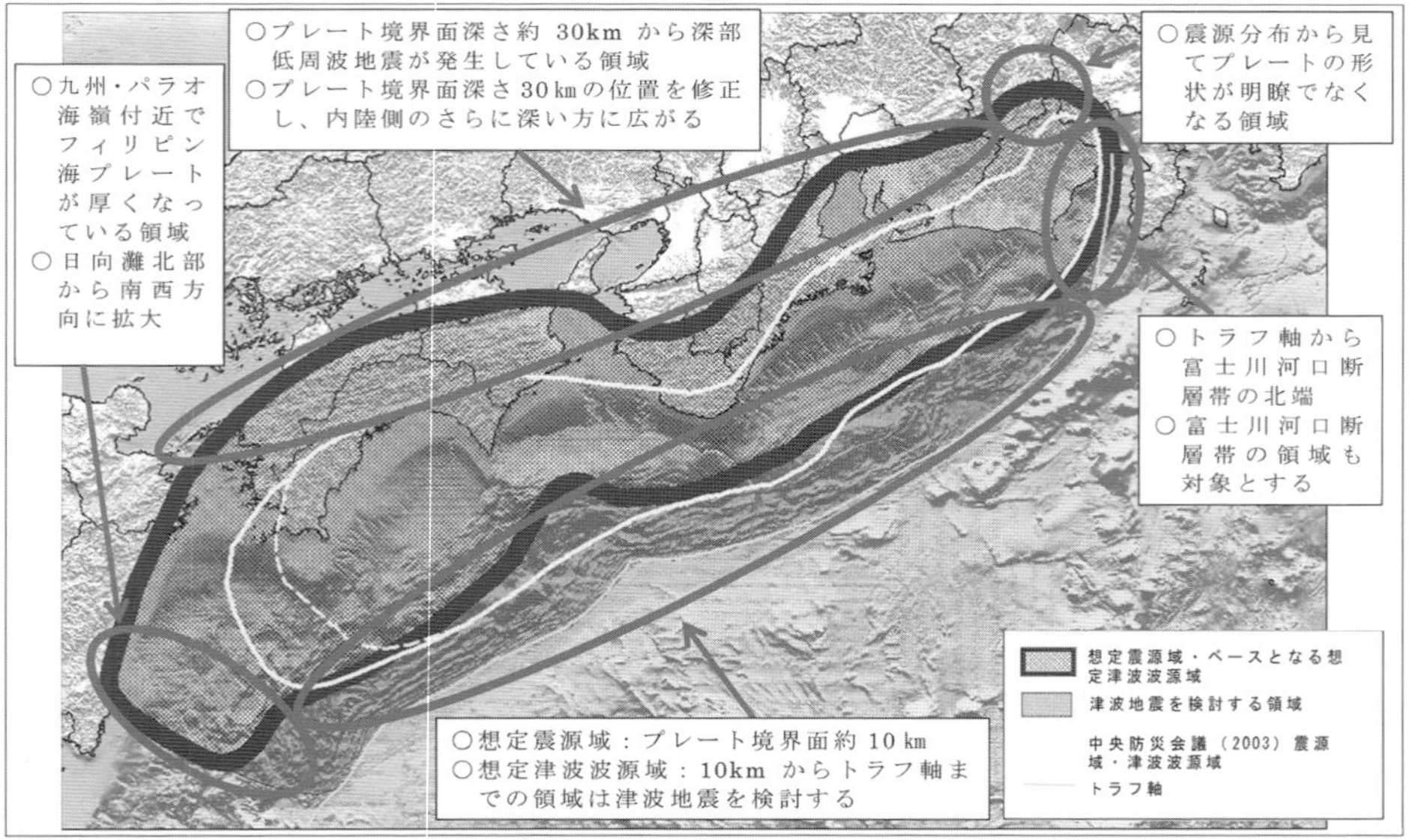
○九州・パラオ海嶺付近でフィリピン海プレートが厚くなっている領域
○日向灘北部から南西方向に拡大
○プレート境界面深さ約 30km から深部低周波地震が発生している領域
○プレート境界面深さ 30km の位置を修正し、内陸側のさらに深い方に広がる
○震源分布から見てプレートの形状が明瞭でなくなる領域
○トラフ軸から富士川河口断層帯の北端
○富士川河口断層帯の領域も対象とする
○想定震源域：プレート境界面約 10 km
○想定津波波源域：10km からトラフ軸までの領域は津波地震を検討する
想定震源域・ベースとなる想定津波波源域
津波地震を検討する領域
中央防災会議（2003）震源域・津波波源域
トラフ軸

図5-3　南海トラフ巨大地震の新被害想定の震源域
（内閣府南海トラフの巨大地震モデル検討会、中間とりまとめ、平成23年12月27日）

るが、新想定は基本的にはソフトな避難対策立案のための資料として使われるものである。一旦決壊すると大きな被害が発生する都市を流れる大河川の堤防は、二百年に一度の降雨という想定で設計されており、さらに安全性を高めるスーパー堤防については今のところ必要がないという決定がなされたのは記憶に新しい。

そういった観点からすると、事前の防災まちづくり、さらには災害後のまちづくりを考える事前復興計画については、一千年周期の津波ではなく従来の三連動型（M8・7）津波被害想定（レベル1）に基づき、まずは計画を策定することが妥当ではないのだろうか。

[2]「首都直下地震」

南海トラフ地震だけでなく首都直下地震の被害想定の見直しも実施された。東京湾北部地震のシナリオでは、震度7の地域が想定されるようになった。しかし、首都直下地震の震源域の見直しは、南海トラフ地震と異なり、東日本大震災を発生させた東北太平洋沖地震が想定外の連動をしたことが契機となって行われてものではない。首都圏において詳細な地震観測を行った結果、地震を発生させることが懸念させる首都圏直下のフィリピン海プレートの位置が、以前考えられていたよりも一〇キロ浅い位置に存在することが明らかになった。地震が発生する位置が地表面に近づいたため、震度7が想定されるようになり、さらに震度6強のエリアが拡がったのである。

首都直下地震は、南海トラフ地震と同様、今後三〇年間で七〇%の確率で発生することが予想されている。しかし、首都直下地震と南海トラフ地震では同じ確率であっても、その数字が意味することは全く異なる。東日本大震災を引き起こした東北太平洋沖地震、今後に想定される南海トラフ地震の場合は、一度、地震が発生するとその後ある程度の余震回数は継続するが、発生確率はゼロ％となる。しかし、首都直下地震の場合は、地震が発生しても、発生確率はゼロとはならない。これは、南海トラフ地震は、フィリピン海プレートがユーラシアプレートに潜り込むことによって発生するという、ある特定の地震のシナリオを対象とした発生確率の計算を行っているのに対し、首都直下地震の場合、具体的なシナリオ地震を定めず、首都圏に影響を及ぼす地震、という観点からの発生確率の算定を行っているためである。また首都直下地震の発生確率七〇％というのは、震度7の地域を発生させる東京湾北部地震の発生確率ではないということの意味合いに注意する必要がある。

［3］揺れと津波、火災による被害

マンション・学校が大破するといった被害も発生したが、東日本大震災では震源域が陸地から離れていたこともあり、地震の規模に比べると揺れによる被害は限定的であった。しかし、首都直下地震、南海トラフ地震では震源が直下にあるため揺れにより大きな被害が発生することが予想される。東日本大震災の被害は、揺れによる被害はそれほど大きくなく、津波により建物被害が発生する、というものであったが、南海トラフ地震では被害

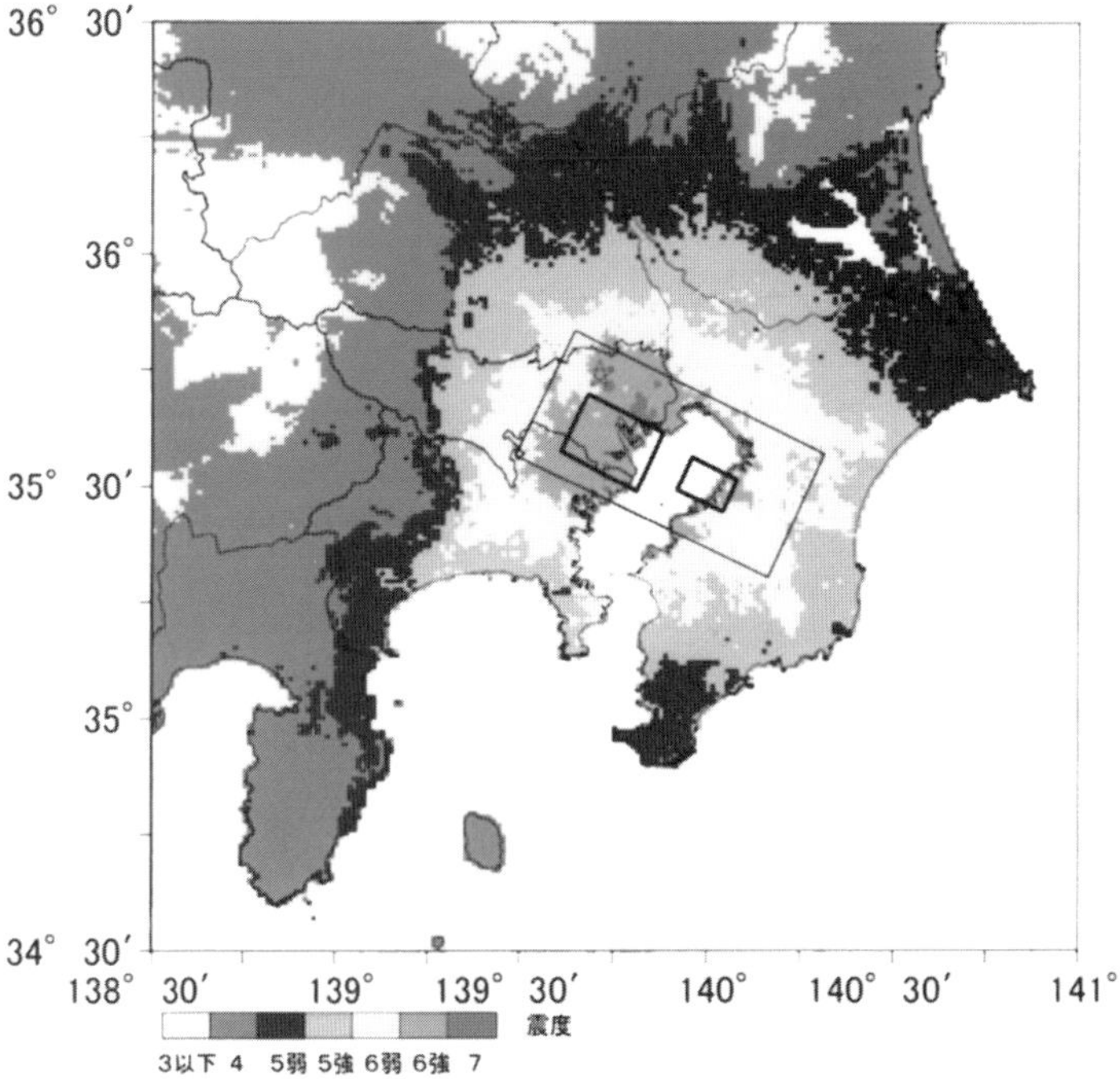

図 5-4　浅いプレート境界を反映した（見直しで 10km 浅く）東京湾北部地震による震度分布（☆箇所は断層西端部の破壊開始地点）
（文部科学省委託研究、首都直下地震防災・減災特別プロジェクトにおける震度分布、文部科学省、平成 24 年 3 月）

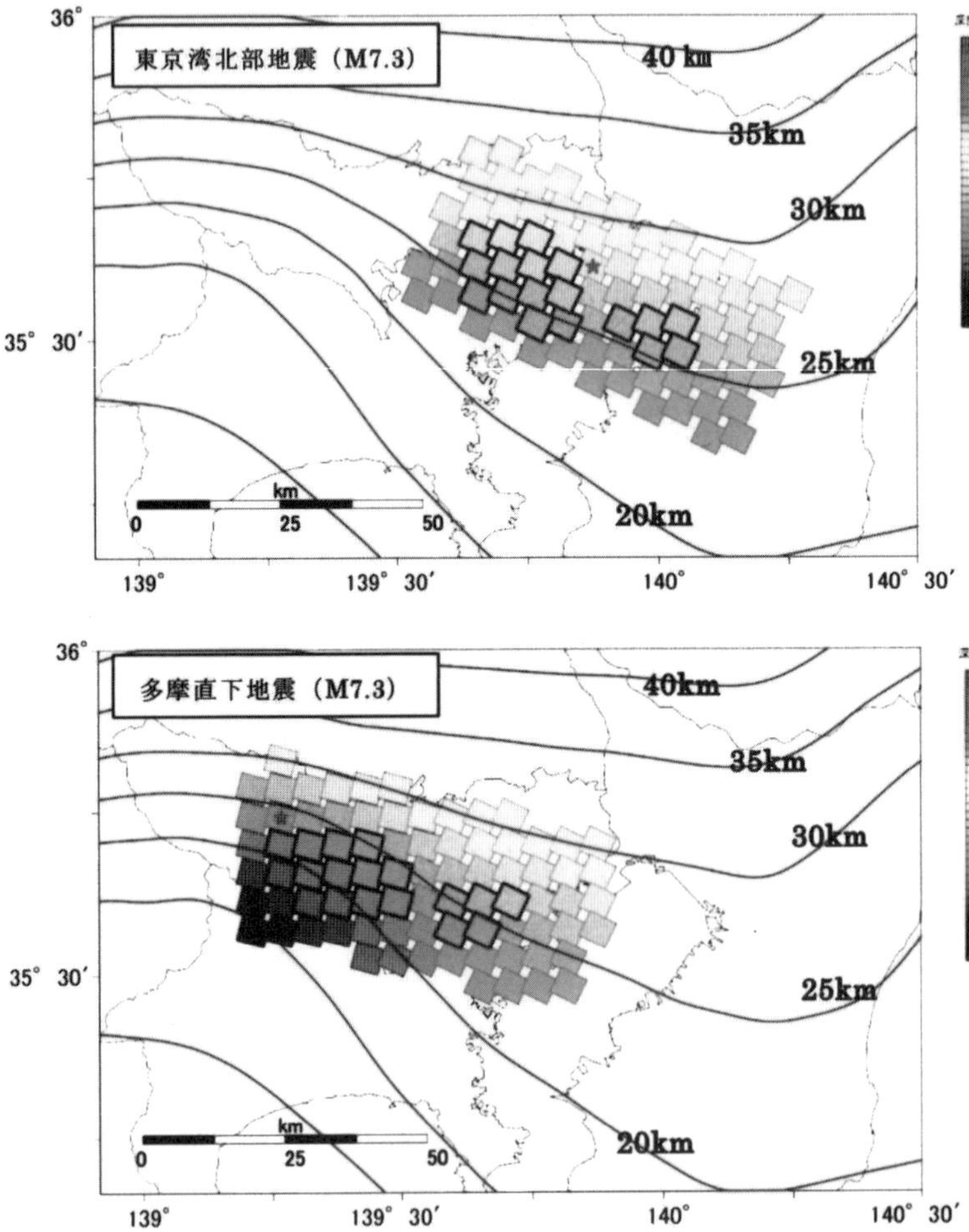

図 5-5　フィリピン海プレート上面に設定の東京湾北部地震（上図）と多摩直下地震（下図）の震源断層モデル（太枠線はアスペリティ、★印は破壊開始、コンターはフィリピン海プレートの上面深さを示す）
（文部科学省委託研究、首都直下地震防災・減災特別プロジェクト資料、文部科学省、平成 24 年 3 月）

写真5-1 (1)　東日本大震災によるマンションの被災事例
（1978年宮城県沖地震、2011年東日本大震災と2回の地震を経験して被災）

写真5-1 (2)　東日本大震災による中高層建築の津波被災事例（岩手県陸前高田市）

の様相は全く異なる。阪神・淡路大震災のように建物も大きな被害を受け、その後、津波の被害に見舞われる。現在の避難のモデルは、建物からは脱出できるということが前提となっているが、実際には建物の下敷きになり、建物から出ることができず、津波に巻きこまれるという被害も多く発生することになる。

火災による被害も深刻である。東日本大震災で発生したような津波により沿岸部の石油タンク自体が流出し、流れ出た油に引火して津波とともに沿岸部の地域を襲うという事態も予想される。また阪神・淡路大震災同様、都市部では延焼火災の発生が懸念されており、特に首都直下地震では江東デルタ地域、杉並区・世田谷区といった住宅密集地域においても、大規模な延焼火災が発生することが懸念されており、建物被害の八割近くが、揺れではなく火災により発生すると想定されている。

東日本大震災の場合、超高層ビルでエレベーターの閉じ込め・家具の転倒、火災被害も発生したが、石油コンビナートに対する長周期地震動の影響は限定的であった。しかし、南海トラフ地震の場合、さらに大きな長周期地震動が予想されており、全国的に広がりつつある超高層建築物、巨大都市に隣接する石油コンビナートや備蓄基地周辺においても東日本大震災をさらに超える被害の発生想定が一層懸念される。

［4］液状化と地盤沈降

南海トラフの巨大地震、首都直下地震においても広域で液状化被害が発生することが予

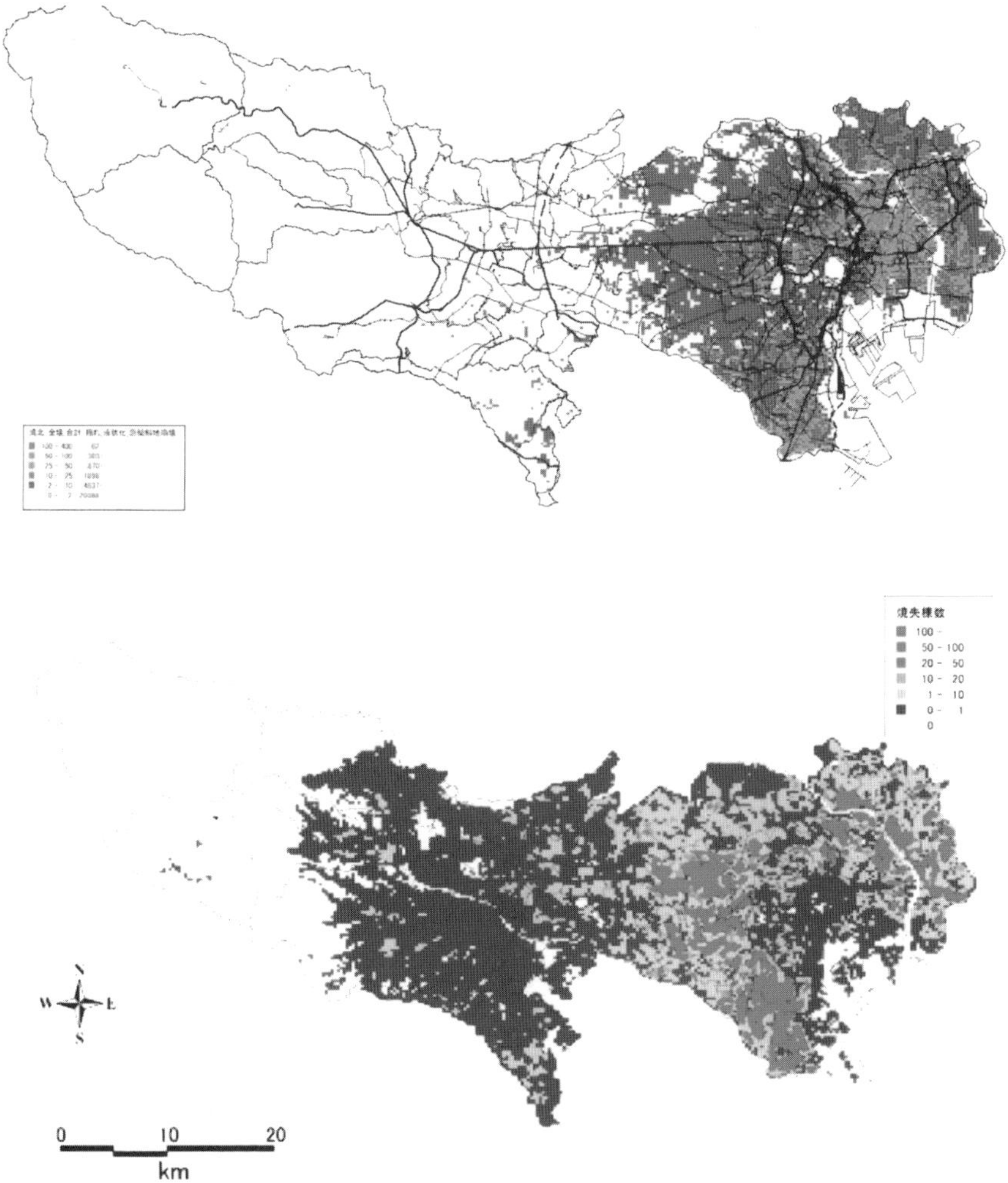

図 5-6　東京湾北部地震による被害
（上図：地震動による倒壊棟数分布、下図：消失棟数分布）
（東京都防災会議、首都直下地震等による東京の被害想定報告書、
平成24年4月18日）

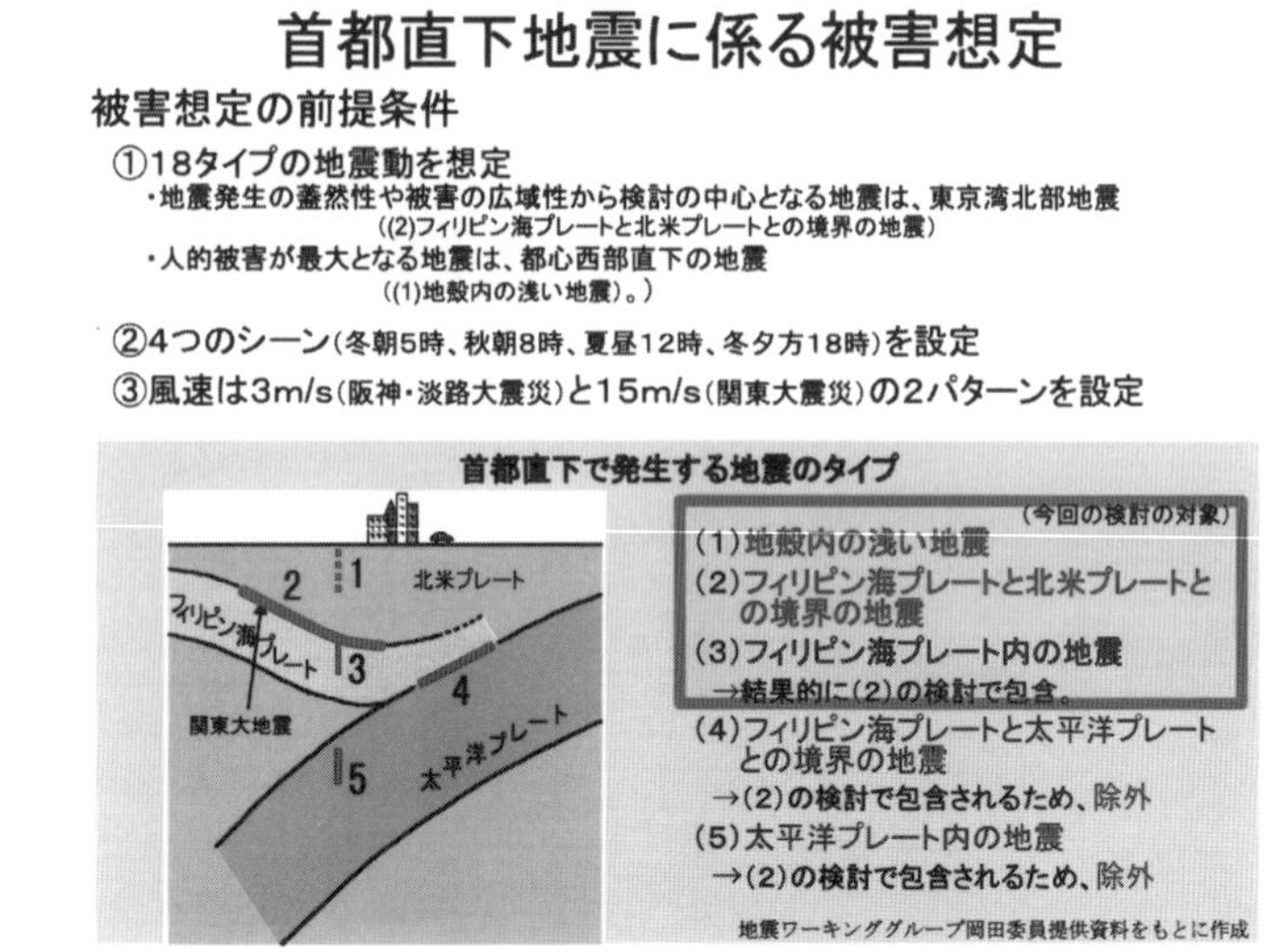
首都直下地震に係る被害想定
被害想定の前提条件
①18タイプの地震動を想定
・地震発生の蓋然性や被害の広域性から検討の中心となる地震は、東京湾北部地震
((2)フィリピン海プレートと北米プレートとの境界の地震)
・人的被害が最大となる地震は、都心西部直下の地震
((1)地殻内の浅い地震)。)
②4つのシーン(冬朝5時、秋朝8時、夏昼12時、冬夕方18時)を設定
③風速は3m/s(阪神・淡路大震災)と15m/s(関東大震災)の2パターンを設定
首都直下で発生する地震のタイプ
1
2
3
4
5
北米プレート
フィリピン海プレート
関東大地震
太平洋プレート
(今回の検討の対象)
(1)地殻内の浅い地震
(2)フィリピン海プレートと北米プレートとの境界の地震
(3)フィリピン海プレート内の地震
→結果的に(2)の検討で包含。
(4)フィリピン海プレートと太平洋プレートとの境界の地震
→(2)の検討で包含されるため、除外
(5)太平洋プレート内の地震
→(2)の検討で包含されるため、除外
地震ワーキンググループ岡田委員提供資料をもとに作成

図 5-7(1)　首都直下地震の被害想定（東京都、東京都の新たな被害想定と地域防災計画、平成25年1月25日）

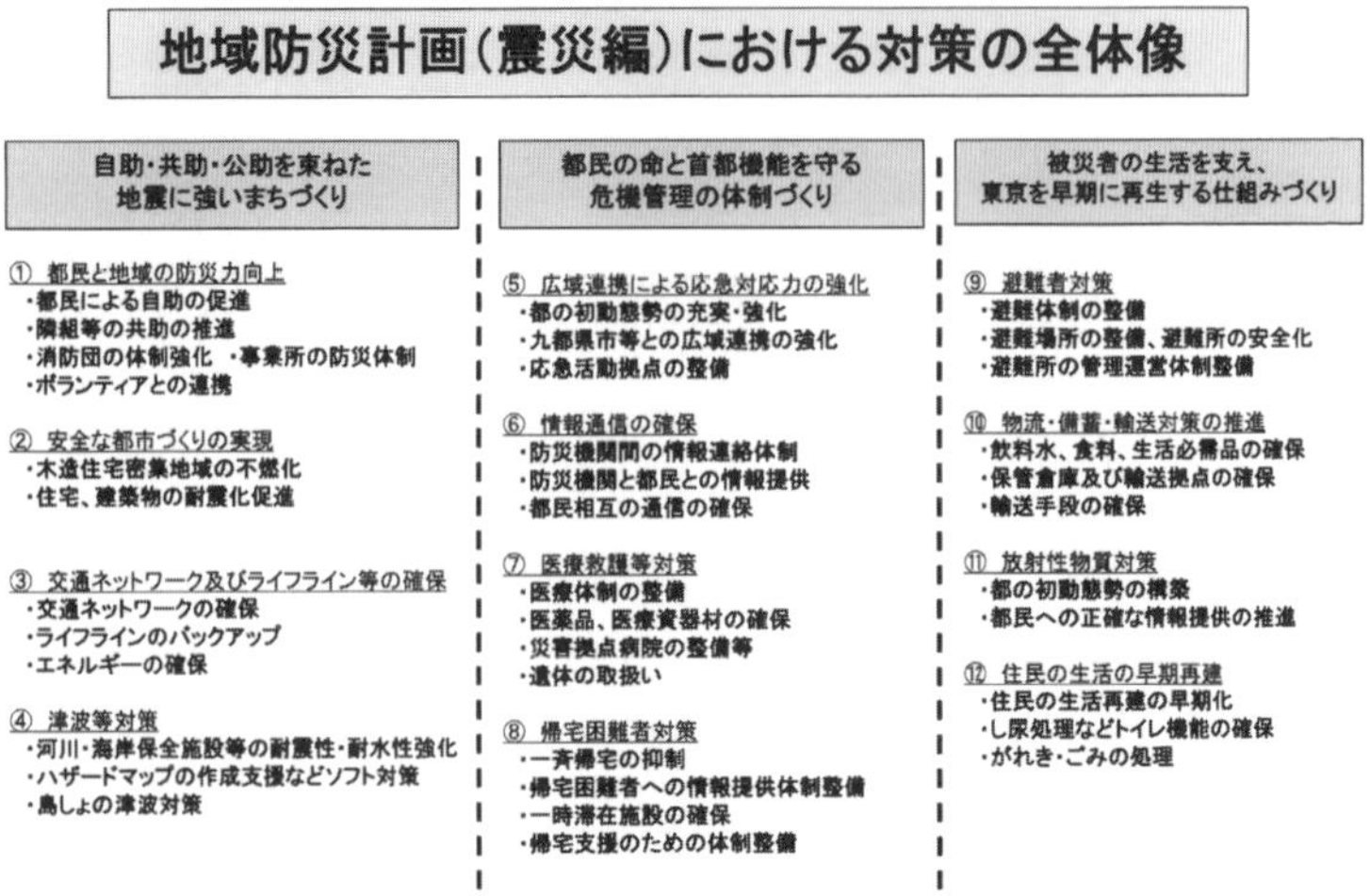
地域防災計画(震災編)における対策の全体像
自助・共助・公助を束ねた
地震に強いまちづくり
① 都民と地域の防災力向上
・都民による自助の促進
・隣組等の共助の推進
・消防団の体制強化　・事業所の防災体制
・ボランティアとの連携
② 安全な都市づくりの実現
・木造住宅密集地域の不燃化
・住宅、建築物の耐震化促進
③ 交通ネットワーク及びライフライン等の確保
・交通ネットワークの確保
・ライフラインのバックアップ
・エネルギーの確保
④ 津波等対策
・河川・海岸保全施設等の耐震性・耐水性強化
・ハザードマップの作成支援などソフト対策
・島しょの津波対策
都民の命と首都機能を守る
危機管理の体制づくり
⑤ 広域連携による応急対応力の強化
・都の初動態勢の充実・強化
・九都県市等との広域連携の強化
・応急活動拠点の整備
⑥ 情報通信の確保
・防災機関間の情報連絡体制
・防災機関と都民との情報提供
・都民相互の通信の確保
⑦ 医療救護等対策
・医療体制の整備
・医薬品、医療資器材の確保
・災害拠点病院の整備等
・遺体の取扱い
⑧ 帰宅困難者対策
・一斉帰宅の抑制
・帰宅困難者への情報提供体制整備
・一時滞在施設の確保
・帰宅支援のための体制整備
被災者の生活を支え、
東京を早期に再生する仕組みづくり
⑨ 避難者対策
・避難体制の整備
・避難場所の整備、避難所の安全化
・避難所の管理運営体制整備
⑩ 物流・備蓄・輸送対策の推進
・飲料水、食料、生活必需品の確保
・保管倉庫及び輸送拠点の確保
・輸送手段の確保
⑪ 放射性物質対策
・都の初動態勢の構築
・都民への正確な情報提供の推進
⑫ 住民の生活の早期再建
・住民の生活再建の早期化
・し尿処理などトイレ機能の確保
・がれき・ごみの処理

図 5-7(2)　地域防災計画（震災編）における対策の全体像（東京都、東京都の新たな被害想定と地域防災計画、平成25年1月25日）

想される。液状化は揺れにより土が締まり、沈みこむことで下にある地下水が圧力を受けて土壌中に水が浸透する。さらに長く揺れる・強く揺れるほど液状化被害は発生しやすくなり、液状化が発生しやすい場所とは、揺れによって絞まりやすい土壌である砂地で、さらに地下水位が高い海岸部や都市部の河口周辺の地域である。一度液状化すれば二度と発生しないということではなく、東日本大震災で液状化被害が発生した地域でも再度、同様の液状化被害が発生することになる。

また同時に、東日本大震災で発生したのと同様の沈降被害も発生する。最も顕著な地盤沈降被害を受けるのが高知県の高知市である。高知市は一級河川国分川河口の低地に立地しており、現状ではそれほどゼロメートル地帯は大きくないが、南海トラフ地震による地盤沈降に伴いゼロメートル地帯が拡大し、津波による浸水に伴って大規模な湛水被害の発生が予想される。ゼロメートル地帯における浸水被害における最大の問題点は、水が自然には排水されないため浸水が長期にわたって浸水が継続する長期湛水被害が発生することにある。高知市は南海地震が発生するたびに地盤沈降に見舞われており、最も古い記録は白鳳の南海地震(六八四)にまで遡る。日本書記に「土佐国田苑五〇万余頃没為海」[i]とあり、白鳳南海地震により高知市東部が水没したことの記録とされる。一九四六年一二月二一日に発生した昭和南海地震でも、高知市は地盤沈降と津波に伴う長期湛水被害に見舞われた。浸水は市街地にも及んだが、当時の国分川右岸はそれほど開発されておらず、湛水した地区のほとんどは低地の田地であった。復旧作業は、災害発生六日目の一二月二五日から堤

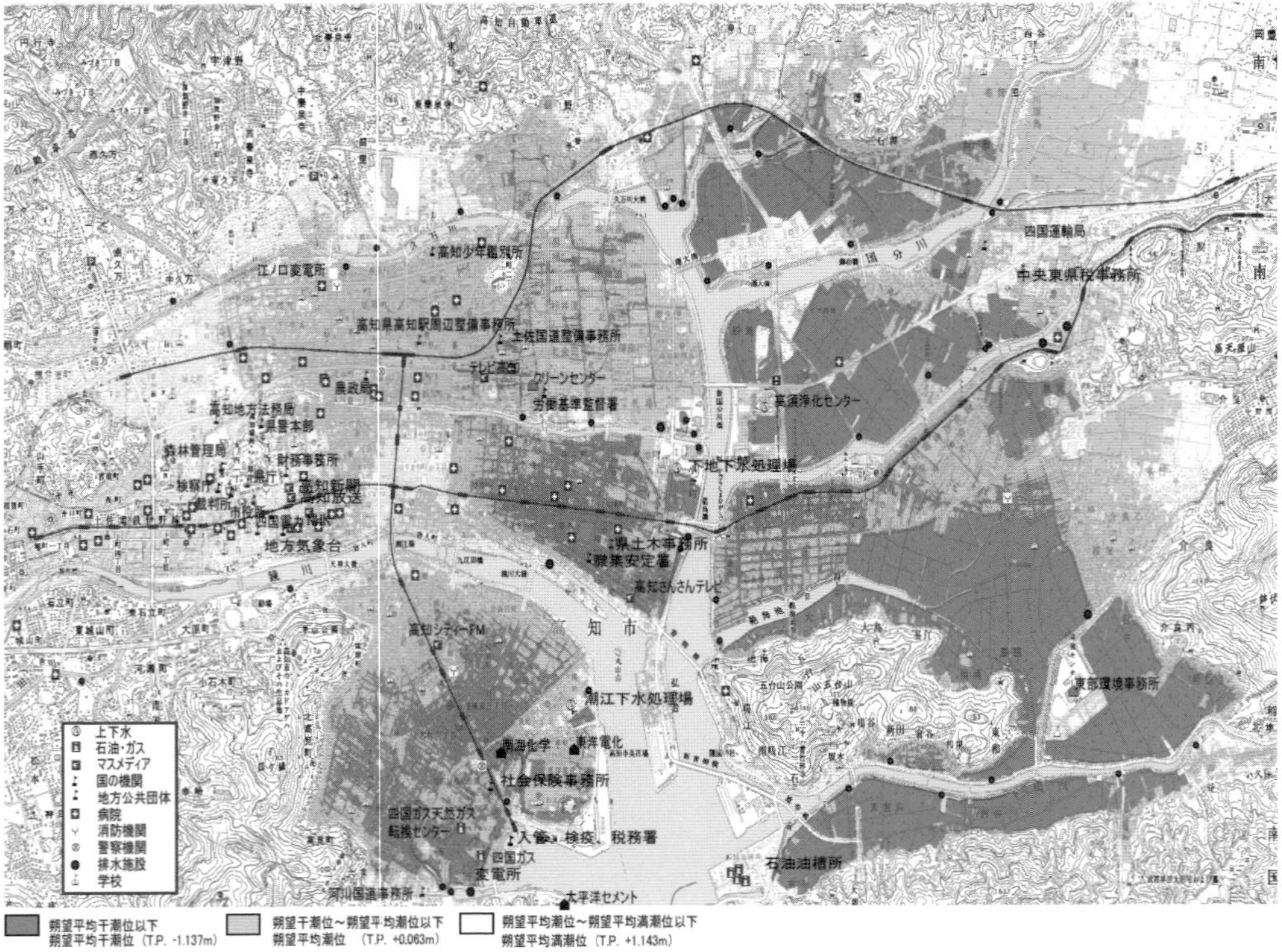

図5-8　高知市における津波災害時の湛水域分布

防の締め切り工事が開始され、二〇日後の一月八日に仮締め切りが終了。そして、ほぼ一カ月後の一月下旬には市街地の排水は完了。しかしながら、田地については災害から二カ月が経過した二月一〇日になっても湛水が継続している様子が記録されている。地震災害の場合、水道・ガスといった埋設管の揺れによる被害も発生しており、完全復旧には、排水完了後、さらに時間が必要となる。

ところで、長期湛水被害を受ける地域には、高知市の中心市街地も含まれており、高知県庁・県警本部などは湛水地域から外れているが、災害対応を行う上で重要な役割を担うマスメディア（通信・報道）・ライフライン企業の本社（電力・ガス）が湛水地域に位置する。特に深刻なのが湛水被害からの復旧を担う国の河川国土事務所、土木事務所が塑望平均潮位よりも低い地域に位置していることであり、施設自体は被害を受けなくても施設へのアクセスが極端に制限されるようになる。また、清掃工場が湛水地域に位置することから災害廃棄物処理が問題となる。高知市における湛水被害は、高知県の業務中心地区で発生することから、地域の経済活動の継続が課題となる。これまでの長期湛水事例で復旧には、住民移送に五～二〇日、堤防の仮締め切りに一週間～二カ月、排水に一カ月～三カ月という期間が必要となっている。

南海トラフ地震の新被害想定以前は、長期湛水被害が想定されていた地域は高知市のみであったが、日本の大都市はゼロメートル地帯に立地しており、ひとたび津波による浸水被害が発生すると大阪市都市圏、名古屋都市圏でも長期湛水被害が発生する可能性がある。

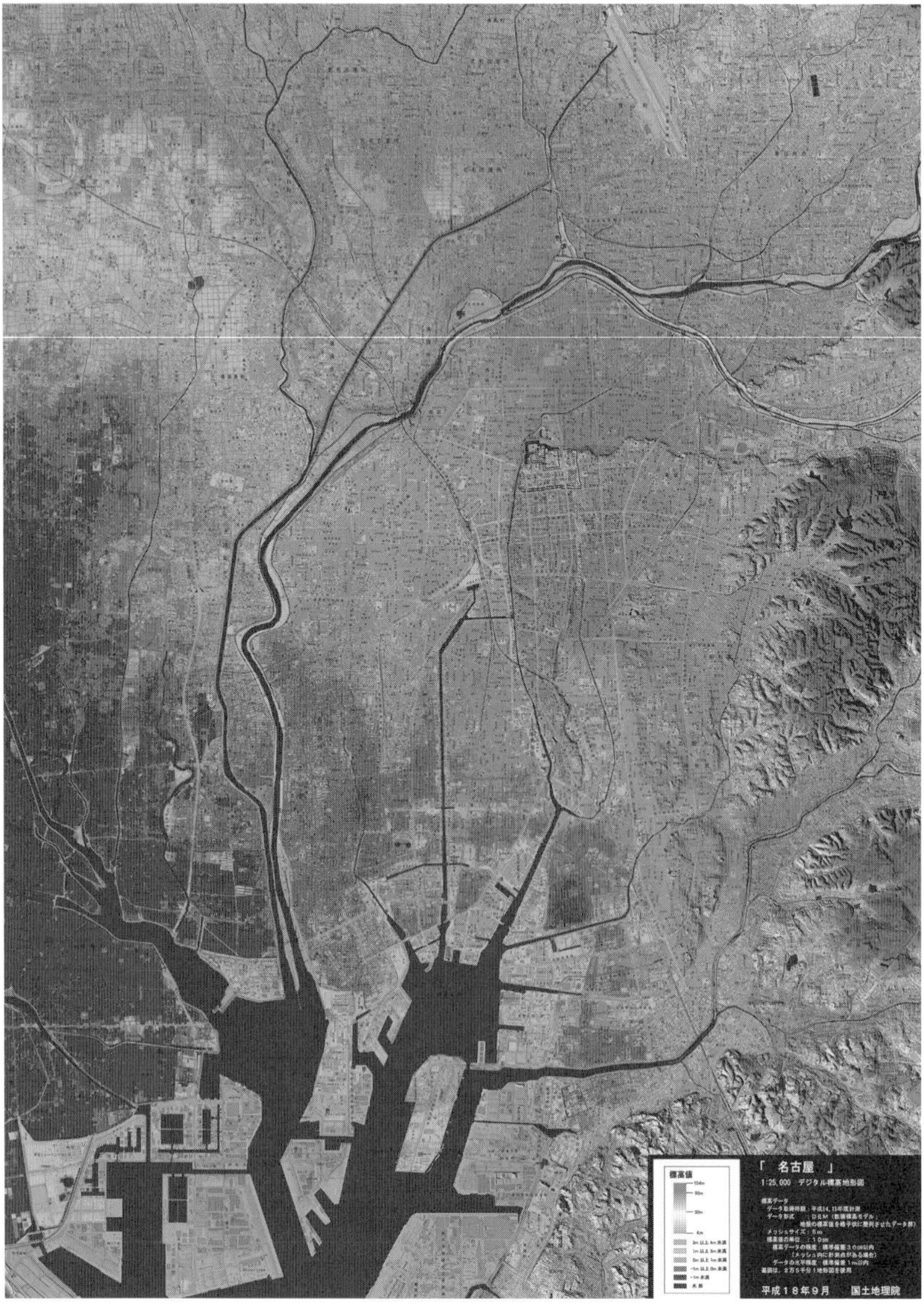

図5-9　伊勢湾の0m地帯（0m地帯では一度、浸水すると長期にわたって
湛水が続くことが予想される）（国土地理院、デジタル標高地形図）

特に名古屋圏は一九五九年の伊勢湾台風時に長期間の湛水被害を経験している。伊勢湾台風の復旧では①堤防の仮締め切り、②排水という手順で復旧が実施されたが、多くの場所で破堤が発生したため、国・県だけでは対応することができず、自衛隊も動員して対応が行われたが、最も長いところでは三カ月にわたって湛水被害が継続した。また湛水地域では生活を継続することが難しいことから、伊勢湾台風では湛水地域に対する避難勧告が発令され集団避難が実施された。伊勢湾台風の場合、被災地域は東海地区だけであり、三カ月で復旧を行うことが可能であったが、被災地域が広域にわたる南海トラフ地震では、復旧資源を一つの地域だけに投入することは不可能であり、復旧にはさらに時間を要するものと考えられる。

[5] 巨大災害による影響

東日本大震災と、首都直下地震、南海トラフ地震の大きな違いは、日本の経済活動の中心が被害に見舞われるということである。特に首都直下地震の場合は、日本の経済・行政機能の中心である東京が機能不全に陥る可能性がある。東日本大震災では東京も被害を受け、災害直後の帰宅困難者の発生、計画停電の影響等が発生したが、その影響は短期間であり、さらに建物が倒壊するといった物理的被害は非常に少なかった。東日本大震災の反省をふまえ、地震発生時に帰宅せず協定などによりオフィスに留まることが推奨されている。ただしこの場合には、まず自宅に被害が発生していないことが前提である。南海トラフ地震では、東京は東日本大震災と同様の影響を受け、さらに日本の製造業や物流流通の拠点である東海・中京地域、そして大阪が同時被災する。また経済の大動脈である東名高速道や名阪・阪神道、東海道新幹線も長期にわたって運休することも予想される。東日本大震災後に実施された南海トラフ巨大地震の被害想定では、時系列で具体的にどういった影響が発生するのかについても整理が行われている。

東京、名古屋、大阪という日本の中心大都市部が被害を受けるため、経済活動に与える影響は甚大であり、首都直下地震の経済被害額は一一二兆円、南海トラフ地震では八一兆円、ただしM9・1の新被害想定では二二〇兆円と試算予測されるが、耐震化や防火対策を進めれば一一八兆円に半減されるとしており、年間の国家予算を超える甚大被害が発生すると想定される。現在は、日本の国民総資産額が国債発行額を上回っており、国内資産で復興が可能であるが、今後、地域社会を構成する人口の減少・高齢化がさらに進行し、個人資産ストックの大幅な減少も予想される中、果たして日本独自の国力だけで復旧・復興が可能かという問題提起も現実性を帯びている。海外からの投資が見込めない場合は復興ができない、経済活動および生産拠点が海外へ移転避難するなどのシナリオも想定されており[ii]、まさに「国難」という事態が発生することになる。

2 巨大災害を乗り超えるための課題

[1] 巨大災害に対処するしくみ

東日本大震災では災害対策基本法制定以来、初めて内閣総理大臣をトップとする災害対策基本法に基づく「緊急災害対策本部」が設置された。じつは阪神・淡路大震災では「緊急災害対策本部」は設置されていない。当時の災害対策基本法では「緊急災害対策本部」の設置のためには国会の承認を必要とする「災害緊急事態」の布告が必要であり、そのため国務大臣をトップとする「非常災害対策本部」が設置された。東日本大震災では福島第一原子力発電所の事故が発生し、原子力特別措置法に基づき首相をトップとする「原子力災害対策本部」も同時に設置された。

日本の災害対応の仕組みを規定する災害対策基本法では、制定から五〇年以上が経過し、さまざまな課題が存在することが指摘されている[iii]。災害対策の総合化について、自治体レベルでは、新型インフルエンザ・国民保護・食の安全・自然災害・原子力災害といった安全・安心に関わるあらゆる事案について総合的に対処する危機管理部門が設置されている。国レベルでも阪神・淡路大震災等の反省をふまえ、内閣危機管理監を中心とする内閣官房の組織が設置されていたが、初動対応を主眼においた組織であり、東日本大震災では自然災害に対応する組織、原子力災害に対応する組織という二つの組織が並列し、効率的な対応を行う上での課題ともなった。

巨大災害への対処の仕組みについては、先述のように「緊急災害対策本部」が設置され、阪神・淡路大震災後に設立された緊急消防援助隊、警察による広域緊急援助隊、さらには自衛隊の派遣が迅速に実施された。また、国の対応としては、宮城県に「緊急災害現地対策本部」が、岩手県・福島県に「現地連絡室」が設置されたのであるが、派遣された国からの要員は限られていたこともあって、法律上の制約もあり米国のように国の職員が自治体の災害対応を代行するようなことは行われたかった。

巨大災害に対処するための仕組みとして、災害対策基本法制定当時に議論がされた防災専門機関の設置については未だ実現されていない。その後の法律改正に伴う国会審議においても実働部隊をもつ「緊急災害対策庁」の設置に関する議論が行われるが、「災害応急対策に関わります多くの省庁の調整を行うためには、(中略)、実働部隊をその中にもっているかどうかということは，それほど重要な要件ではないと考えておるところでございます」[iv]という答弁がなされ設置には至らなかった。災害対応庁の設置については民主党のマニフェストにも記載されていたが、米国のように巨大災害時には国自らが応急対応業務を直接実施する仕組みは構築されていない。東日本大震災では、原子力災害への対応として百人を超える国の職員が福島県に派遣され、国による災害対応の実働が行われることとなった。しかしながら、通常、直接住民と対応するという業務を行っていない国の職員が、実際の災害対応を実施するという仕組みは決して上手く機能しているとは言えず、米国のような仕組みが日本において機能することになるかは再検討される必要がある。

国の職員派遣などによる実働支援は限定的ではあったが、東日本大震災では大規模な自治体相互の応援が実施された。関西広域連合では中国の四川地震（二〇〇八）で実施された「対口支援」の方法に学び、大阪府・和歌山県→岩手県、といったように県と県をペアリングする方法での支援を実施した。被災自治体に対して全国の自治体から支援が実施され、避難所運営、り災証明発行支援といった業務に従事した。自治体の相互支援は巨大災害に対応する上で有効に機能すると考えられ、南海トラフの巨大地震、首都直下地震に備えるためには災害対応業務の共通化を行い、全国の自治体が災害発生時にスムーズに業務支援を行うことが可能となる仕組みを構築する必要がある。

［2］仮設という仮のすまい

東日本大震災では「仮のすまい」として木造の応急仮設住宅が注目を集めたが、木造の応急仮設住宅は東日本大震災が初めての事例ではない。一九九一年の雲仙普賢岳噴火災害でも木造応急仮設住宅が建設され、その後、二戸を一戸に改築し公営住宅として利用された。阪神・淡路大震災でも米国などから輸入されたツーバイフォーの木造建築が存在した。

一方で、東日本大震災では賃貸住宅が「みなし仮設」住宅として大規模に利用されたことが注目に値する。阪神・淡路大震災でも応急仮設住宅の解消のために、応急仮設住宅の居住者が賃貸住宅に入居したという事例はある。しかし、東日本大震災では、新たに建設した応急仮設住宅が約五万二千戸に対し、「みなし仮設住宅」が六万三千戸にのぼり、一

写真5-2(1)　東日本大震災後に建設された応急仮設住宅事例（木造戸建タイプ）（岩手県陸前高田市）

写真5-2(2)　長岡市山古志地区の中山間地型災害復興住宅
（設計コンサル・アルセッド建築研究所＋三井所清典）

写真5-3(1)　「みなし仮設住宅」としての一戸建て住宅事例（撮影：松本亜沙香、立木茂雄）

写真5-3(2)　雲仙普賢岳噴火災害（1991）で建設された木造応急仮設住宅（長崎県島原市）

般の住宅で仮すまい生活をおくる人の方が多い。「みなし仮設住宅」というとアパートに居住しているというイメージを抱きがちであるが、一戸建ての住宅が「みなし仮設住宅」として利用されている事例も数多く存在する。首都直下地震では東京都の試算によると一六二万戸の仮すまいが必要となり、応急仮設住宅が震災の六カ月後でも約二七万戸が不足すると推計とされており[v]、仮すまいに空家住宅を利用することが不可欠である。新築の応急仮設住宅は、敷地の整備費用、撤去費用を含めると一戸あたり七百万円近い費用が必要となるが、空家を応急仮設住宅として利用すると一カ月の家賃五万円で五年間利用したとしても、三〇〇万円で済むことになる。「みなし仮設住宅」に支援が行き届かないという問題も指摘されるが、被災した人が自らで住まいを選択するという行為は、災害からの立ち直りを促すという意味でも有効であり、今後は、空家の仮設住宅利用促進についての方策などを主体に検討していくことが重要である。

〔3〕まちの再建事業

東日本大震災の復興では「区画整理事業」「防災集団移転事業」「がけ地近接等危険住宅移転事業」「災害復興公営住宅整備事業」「漁業集落防災機能強化事業」といった既存の事業制度が、まちの再建のためのツールとして利用されている。東日本大震災を契機として新たに創設された事業制度は「津波復興拠点整備事業」だけである。古い手法で人口減少社会におけるまちの再建という問題と戦わないといけないところに東日本大震災からのまちづくりの大変さがある。まちの再建に関わる事業制度として「住宅地区改良事業」「小規模住宅地区改良事業」「市街地再開発事業」も存在するが、こういった事業は津波による被災地域ではなく液状化や揺れによる被害を受けた地域で利用されている。例えば、液状化の被害を受けた千葉県我孫子市では小規模住宅地区改良事業による再建が行われており、揺れによる被害が発生した福島県須賀川市では市街地再開発事業により市庁舎の再建が行われている。

まちの再建事業は「都市計画決定」→「事業計画決定」→事業実施といった流れで行われる。阪神・淡路大震災のまちの再建では「都市計画決定」が被災二カ月後の三月一七日に行われ、多くの人が避難所で生活している中での決定は大きな議論を引き起こすこととなった。阪神・淡路大震災の復興都市計画では、都市計画区域・基本街路・近隣公園等については迅速に決定するが、細街路等については住民との議論で決定していくという二段階都市計画という考え方が取られたため、「事業計画決定」までには時間をかけている。最も遅い地区(森南第三地区)では「事業計画決定」が行われるのは震災から五年後であり、多くの地区で「事業計画決定」までに二年程度の時間をかけている。

東日本大震災の被災地では、計画策定の基礎情報となる津波シミュレーションに時間が必要となり、そのため都市計画決定までに一年以上要している。しかし、スケジュール上は「都市計画決定」から「事業決定」までの期間が短くなっており、阪神・淡路大震災で行われたような詳細計画について住民参画による意見の反映ができないことが危惧される。

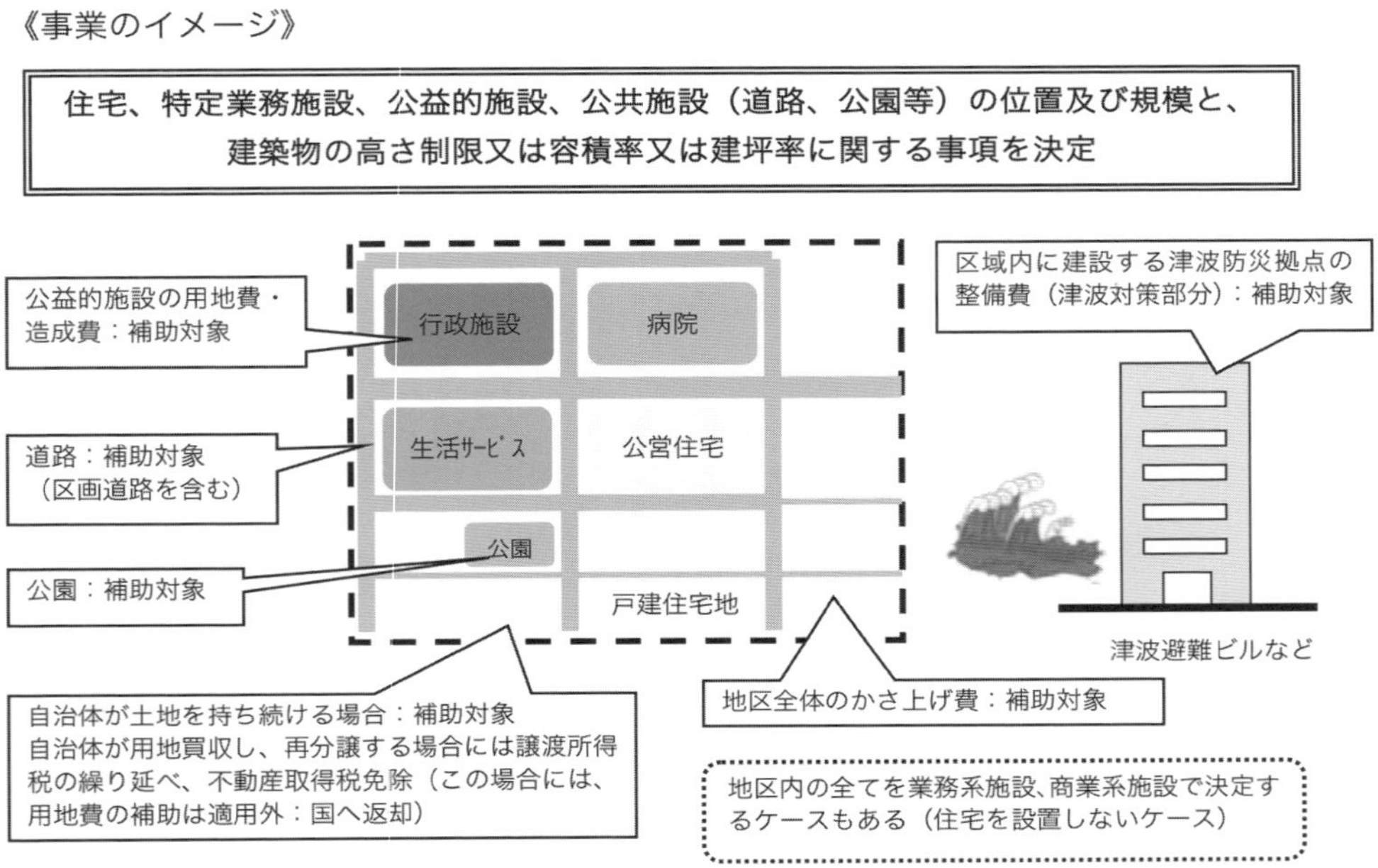
《事業のイメージ》
住宅、特定業務施設、公益的施設、公共施設（道路、公園等）の位置及び規模と、
建築物の高さ制限又は容積率又は建坪率に関する事項を決定
公益的施設の用地費・
造成費：補助対象
道路：補助対象
（区画道路を含む）
公園：補助対象
行政施設
病院
生活サービス
公営住宅
公園
戸建住宅地
区域内に建設する津波防災拠点の
整備費（津波対策部分）：補助対象
津波避難ビルなど
自治体が土地を持ち続ける場合：補助対象
自治体が用地買収し、再分譲する場合には譲渡所得
税の繰り延べ、不動産取得税免除（この場合には、
用地費の補助は適用外：国へ返却）
地区全体のかさ上げ費：補助対象
地区内の全てを業務系施設、商業系施設で決定す
るケースもある（住宅を設置しないケース）

図5-10　東日本大震災後に新たに創設された津波復興拠点整備事業
（日本都市計画家協会、復興特区制度活用ガイド Ver.1.1、平成 23 年 12 月 10 日）

まちの再建には、現地で盛土をして再建する、高台に移転する、という二つの方法が存在する。現地再建の場合は「区画整理事業」、高台移転の場合は「防災集団移転事業」が基本的な事業手法となる。利用する事業制度は同じであるが、岩手県と宮城県では進め方が大きく異なる。高台移転について、宮城県では、まず災害危険区域を指定し、災害危険区域内の住民が個別に移転方法を検討する。五世帯が集まり、移転先を見つけた場合は「防災集団移転」、個別に移転する場合は「がけ近接等住宅移転事業」により利子補給を受けるということになる。一方、岩手県では高台移転の方法として農水省事業である「漁業集落防災機能強化事業」も多く利用されており、災害危険区域の指定を行うことが可能かどうかについて議論を行いながら高台移転等の事業制度が検討されている。

昭和の復興と同様、都市的地域では現地再建が選択されるが、現地再建を選択した地域でのまちの再建スピードは遅い。仙台平野で唯一、現地再建を選択した名取市閖上地区は、災害から七カ月後の一〇月に復興計画策定が完了する。一年後の二〇一二年三月に都市計画決定、その後、住民説明会を実施したが、現地再建に反対する住民の反発が強く、七月以降、個別面談を実施し、都市計画決定から七カ月後の二〇一二年一〇月に事業計画を確定する。しかし、住民合意が取れていない、計画規模が過大、といった理由で認可されず、四カ月程度、事業の進捗がストップする。二月になると急遽、土地区画整理事業と防災集団移転を組み合わせた事業手法に転換するという発表がマスコミを通じてなされることになり、震災から二年が経過しても「事業計画決定」が行われていない。

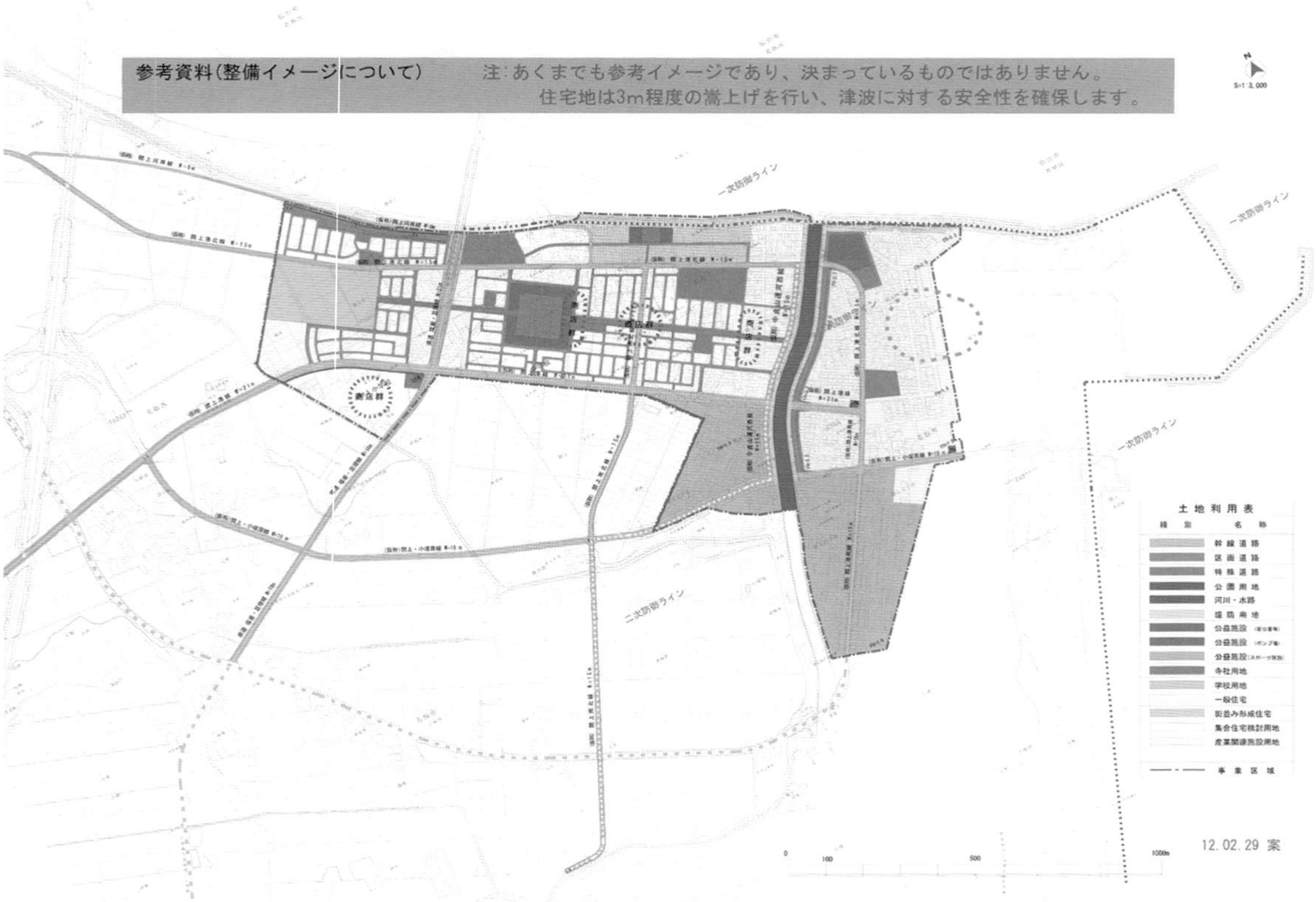

図5-11　宮城県名取市閖上地区の復興まちづくり計画(現地再建)
(名取市、閖上復興まちづくり推進協議会資料)

岩手県では釜石市・大船渡市の中心地域で現地再建が行われている。東日本大震災のまちの再建に利用されている事業制度は基本的には既存の事業制度であるが、先述のように「津波復興拠点整備事業」は東日本大震災のために新たに創設された制度である。事業の特徴として、施設の建設、土地の買収が行えることがあり、事業の目的は「復興拠点となる市街地を用地買収方式で緊急に整備する事業に対して支援を行う」ことである。復興の拠点となる小規模な地区整備が目的であり、大船渡市では「区画整理事業」と「津波復興拠点整備事業」を組み合わせたまちの再建が行われ、被災から一年七カ月後の二〇一二年一〇月に「区画整理事業」についての都市計画決定が行われ、現在、「事業計画決定」へ向けての取り組みが行われている。釜石市の中心部も大船渡市と同様、当初は六ヘクタールの「津波復興拠点整備事業」と「区画整理事業」を組み合わせた事業計画であったが、最終的には中心市街地全域二六ヘクタールに「津波復興拠点整備事業」を適用する「都市計画決定」を行った。

土地区画整理の本来の目的は、道路網公園等の整備を行い良好な都市環境をつくることを目的とした制度であり、土地区画整理では土地所有者が一定割合で土地を供出する「減歩」が必要となるが、良好な都市環境を整備することで土地の価格が上昇することによる「減歩」分が補償される前提となっている。しかしながら、東日本大震災の復興では本来の目的としてではなく、「盛土」をするための制度として利用されている側面がある。人口減少が進む東北の被災地で土地の値段が上昇することは考えにくい。東北地方で津波災害の復興を目的に「土地区画整理」を利用するということ自体が現地再建を難しくしているという側面もある。「津波復興拠点整備事業」はより包括的なまちの復興を可能にする仕組みであり、中心市街地の復興には適した制度であるが、今回初めて導入された制度であり、その有効性について今後検証していく必要がある。ただし、費用が膨らむという問題もあり、米国のブロックグラント（block-grant）のように市町村単位で総額を規定し、費用の範囲内で「津波復興拠点整備事業」を利用した総合的な復興を実施するということは考えられる。

【4】「災害復興公営住宅」

災害復興公営住宅の計画・建設も同時並行で実施されており被災地全体で二万一千戸（宮城県約一万五千戸、岩手県約五千六百戸）程度の供給が検討されている。阪神・淡路大震災は都市部での災害であったこともあり、最終的に災害復興公営住宅が三万八千六百戸供給されたことと比べると、東日本大震災の住宅復興における災害復興公営住宅の建設戸数は少ない。二〇一三年二月末までに岩手、福島、長野で計八四戸が完成している。東日本大震災の災害復興公営住宅の特徴として、高齢者向けのグループホーム形式や避難ビル機能を併せ持つ復興公営住宅が建設されていることにある。また行政の建築技術者が不足していることから設計・施工の一括発注、さらには事業者が敷地の提案・設計・施工を行う敷地提案型といった新たな公営住宅の建設マネジメント手法が導入されている。災害復興公営住宅については阪神・淡路大震災、新潟県中越沖地震といったこれまでの災害復興公

外観

・所 在 地 :福島県相馬市
・地 区 名 :馬場野地区
・構造階数:木造平屋建
・戸　　数 :12戸
・事業主体:相馬市

共助スペース

居室

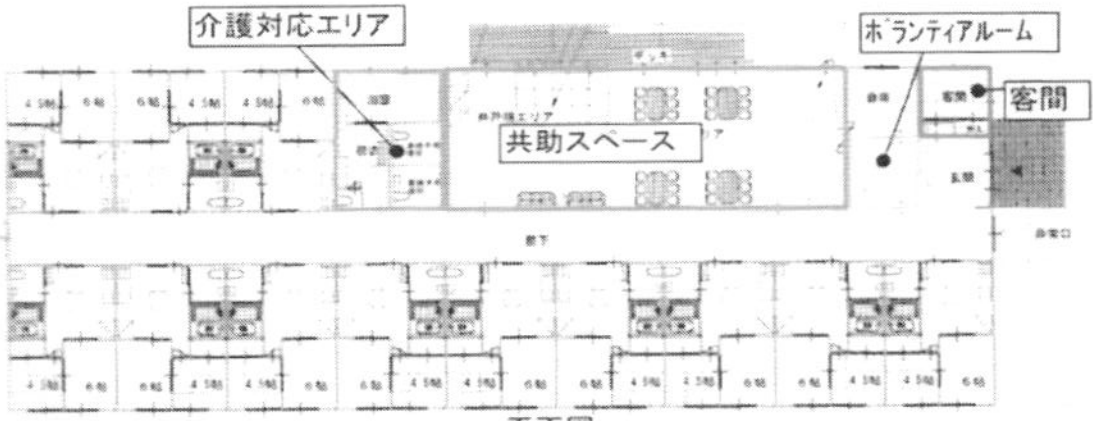

平面図

所 在 地: 宮城県多賀城市
地 区 名: 桜木二丁目地区
構造階数 : RC造3～6階
戸　　数: 約160戸
事業主体 : 多賀城市
そ の 他 : 保育所、福祉施設等併設予定
※計画内容は変更になる場合があります。

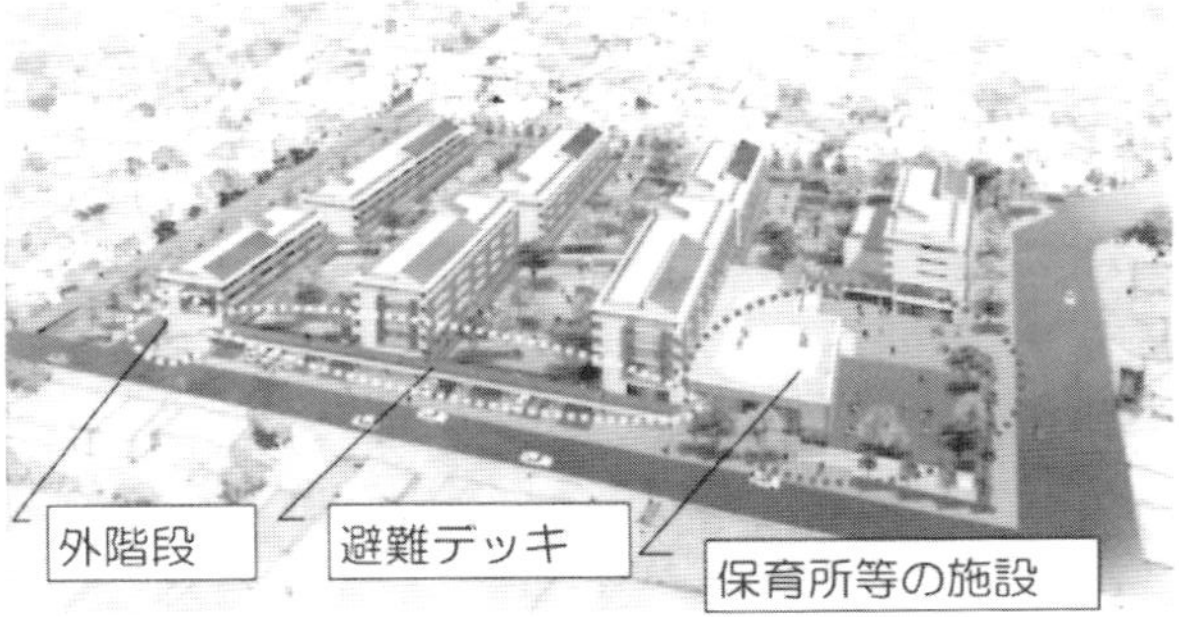

完成イメージ

図5-12　地域復興ぬ向けた災害公営住宅の供給（相馬市・多賀城市の事例）（住宅vol.62,2013掲載の小林幹夫氏論稿を参照）

営住宅供給の経験が蓄積されており、木造の住宅や高齢者向け住宅、さらには公営住宅の払い下げ等々、これまでの経験を活かした取り組みが行われている。

3 巨大災害に立ち向かうために

[1] 防災対策と復興対策をどうつなげるのか

近い将来に発生が予想される首都直下地震、南海トラフの巨大地震は、被害をゼロにすることは難しく、物理的被害（Damage）に伴い発生する社会的影響（Impact）をいかに軽減していくのかが重要な課題となる。社会的影響を小さくするためには、どれだけ早く社会を復旧・復興するのかが鍵となり、そのためにはまずは被害を出さないことが重要であるが、発生した被害に対する社会の回復力を向上させることも重要である。社会の抵抗力・回復力を向上させるための総合的な防災対策を実施するための計画として、先述の防災戦略計画が存在し、構造物の被害を減らすこと、災害対策能力の向上、さらには復旧・復興について達成目標が設定されている。

首都直下地震、南海トラフの巨大地震を対象とした「防災戦略計画」では、死者半減、経済被害の半減（南海トラフ地震）および四割減（首都直下地震）が戦略目標として設定されている。経済被害には間接被害も含まれており、災害による社会的影響を考慮したものとなっている。しかし、検討されているのは交通網の寸断による機会損失、生産関数分析による国内・国外への波及、産業連関表を用いた国内への波及であり、交通網の寸断については一、三、六カ月という復旧までの時間も考慮されてはいるが、対象としている時間は復旧までであり、防災対策の最終的な目標である「どれだけ早く復興するのか」は戦略目標として設定されていない。阪神・淡路大震災においても復興プロレスの中でさまざまな問題が発生したが、すまいの再建が中心課題と認識され、生活・経済再建を含む総合的な復興が防災対策上の大きな課題と位置づけられることはなかった。

一方、米国では先述のように復興（long term recovery）が防災対策において重要な課題となっており、事前復興計画（Pre Disaster Recovery Planning, Post Disaster Redevelopment Plan）がいくつかの自治体で制定されるようになる。特に、先進的な試みを行っているのはハリケーンによりしばしば大きな被害を受けるフロリダ州、また地震発生リスクが高いサンフランシスコ市である。フロリダ州の事前復興計画[vi]は、一章・はじめに（事前復興計画とは、事前復興計画の必要性）、二章・計画策定のプロセス、三章・計画の内容（土地利用、住宅、経済再建、インフラストラクチャー・公共施設、保健・医療、環境）、四章・計画の実行のために、という構成となっており、災害後の復興計画の策定プロセスについてのガイドラインという位置づけになっている。

サンフランシスコで検討されている「事前復興計画」は、事前の被害抑止対策と復興対策を組み合わせてリジリエンスを高めるという考え方に基づくものである。サンフランシスコは、一九〇六年にサンフランシスコ地震、一九八九年にロマ・プリータ地震による被害を受けた経験を持ち、以前から地震防災に熱心に取り組んでいる地域である。これまでの防災対策の主眼は、建物・ライフラインの耐震化という被害抑止対策を中心とした取り組みであったが、ニューオリンズでのハリケーンカトリーナ災害後の復興がスムーズに進まない姿に危惧を抱き、サンフランシスコ市は職員をニューオリンズに派遣するなどして、災害復興の課題についての検討を行い、サンフランシスコの災害復興についての検討を行うことを決定している。またサンフランシスコを拠点とするシンクタンクであるSPUR(San Francisco Planning and Urban Research Association)はこういった動きと帯同し、二〇〇九年"The Resilient City: Defining What San Francisco Needs from its Seismic Mitigation Policies"というレポートを作成した。基本的な考え方は、これまでサンフランシスコで実施されてきた建物の耐震化を、災害復興という視点から評価を行ったもので、都市機能の復旧・復興目標時間と現状での復旧・復興に必要な時間をマトリックスで示している。この分析では病院の場合、目標復旧・復興時間は「災害発生時も利用可能」という目標に対し、現状では復旧・復興に少なくとも三年が必要とされる。学校については三〇日の目標に対して四カ月、住宅については四カ月に対して三年以上という結果になっている。SPURでは構造物の復旧・復興に加えて、現在、災害後の土地利用計画についての検討も行われている。SPURの構造物の抵抗力と回復力の両面に着目した検討はまさに地域のリジリエンスを評価するものであり、復興と事前の防災を組み合わせたものとなっている。

TARGET STATES OF RECOVERY FOR SAN FRANCISCO'S BUILDINGS AND INFRASTRUCTURE

INFRASTRUCTURE CLUSTER FACILITIES	Event occurs	Phase 1 Hours			Phase 2 Days		Phase 3 Months		
		4	24	72	30	60	4	36	36+
CRITICAL RESPONSE FACILITIES AND SUPPORT SYSTEMS									
Hospitals								X	
Police and fire stations			X						
Emergency Operations Center									
Related utilities						X			
Roads and ports for emergency				X					
CalTrain for emergency traffic					X				
Airport for emergency traffic				X					
EMERGENCY HOUSING AND SUPPORT SYSTEMS									
95% residence shelter-in-place								X	
Emergency responder housing				X					
Public shelters							X		
90% related utilities								X	
90% roads, port facilities and public transit							X		
90% Muni and BART capacity						X			
HOUSING AND NEIGBORHOOD INFRASTRUCTURE									
Essential city service facilities							X		
Schools							X		
Medical provider offices								X	
90% neighborhood retail services									X
95% of all utilities								X	
90% roads and highways						X			
90% transit						X			
90% railroads							X		
Airport for commercial traffic					X				
95% transit							X		
COMMUNITY RECOVERY									
All residences repaired, replaced or relocated									X
95% neighboorhood retail businesses open								X	
50% offices and workplaces open									X
Non-emergency city service facilities								X	
All businesses open									X
100% utilities									X
100% roads and highways									X
100% travel									X

Source: SPUR analysis

TARGET STATES OF RECOVERY

Performance measure	Description of usability after expected event: BUILDINGS	LIFELINES
(lightest shading)	Category A: Safe and operational	
(medium shading)	Category B: Safe and usable during repairs	100% restored in 4 hours
(dark shading)	Category C: Safe and usable after moderate repairs	100% restored in 4 months
X	Expected current status	

図 5-13　サンフランシスコにおける復旧時間に着目した事前復興の取組（SPUR, THE RESILIENT CITY:DEFINING WHAT SAN FRANCISCONEEDS FROM ITS SEISMICMITIGATION POLICIES, February, 2009）

[2] 巨大災害に備えたまちづくり

東日本大震災の被害、さらには内閣府が新たに実施したM9地震に対する被害想定結果をふまえ、大きな津波被害の発生が予想される市町村では、公共施設の移転計画の策定が行われている。和歌山県南部の自治体では市庁舎・町役場の移転についての議論が活発に行われており、災害対応の根幹となる消防署や警察署はすでに高台に移転している。白浜町では消防・警察の庁舎が高台に移転し、地震から三分で津波が到達する串本町では消防庁舎の高台移転を行い、現在、役場の移転についての検討が行われている。

市庁舎が津波により壊滅的な被害を受けた岩手県大槌町、陸前高田市、宮城県南三陸町では、直後の災害対応、その後の復旧・復興が遅れるといった課題が発生しており、公共施設を安全な高台に移設することは防災対策上重要である。しかし、その一方で各地域の中心市街地に立地している公共施設は、まちのコアとしての機能を有することもあり、単独での移転には多くの議論がみられる。

和歌山県南部に位置する湯浅町でも役場の移転が検討されており、役場の移転に関するアンケート調査[vii]が実施された。アンケート結果をみると、高台移転・浸水区域外への移転という意見が半数を超える一方、まちの中心部である駅前に役場機能を残すべき、という意見も四割近くが存在する。駅前に役場機能を残す理由の多くは「町の中心地で、近くて、町民には便利だから」「商店街等のまちの活性化を考えると町の中心地に建設すべき」といったものである。湯浅町は醤油発祥の地として有名であり、醤油の醸造所等が立ち並ぶ地域は国の「重要伝統物群保存地区」に指定されており、伝統的な町並みを利用したまちの活性化、さらには伝統的な建造物の耐震改修等も実施されている。移転が検討されている役場が立地するのは伝建地区を含む旧市街地域である。湯浅町においても国道沿いにスーパーマーケットが立地し、二〇〇一年に策定された湯浅町都市計画マスタープランでは中心市街地のまちづくりの方針として、「町並み保全」「観光拠点の整備」、「中心市街地の再生」「湯浅駅周辺の整備」という項目があげられている。また、市街化が進むその他の地域については「計画的な市街化の誘導」という課題があげられていた。二〇〇一年当時のマスタープラン策定当時は、当然のことながら町役場の移転は検討されておらず、役場の移転をふまえたまちづくり計画は策定されていない。湯浅町の庁舎移転は高台ないし浸水区域外、駅前ということで検討されている。高台移転を行う場合、中心市街地から役場が離れることになり、駅・中心市街地が存在する「旧市街」と新たに役場が移転することになる「新市街」をどのように関連づけるのか、さらには「旧市街地」については津波被害の軽減、災害後の再建を考えるという観点からも、今後のまちづくりのあり方について早急に検討する必要がある。

現在、南海トラフ地震の巨大地震による津波により庁舎への浸水被害が予想されている地域で検討されている行政庁舎の移転は、災害時の行政機能を守るという観点で実施されている。しかし、行政庁舎の移転を行う場合には、湯浅町の事例で述べたように、同時に、既存の庁舎が立地する津波危険地域の防災対策をどのように考えるのか、さらには庁舎が

写真5-4(1)　岩手県大槌町の被災庁舎（行政機能の再構築には大きな役割を持つ）

写真5-4(2)　岩手県大槌町庁舎の被災状況（東日本大震災1カ月後）

写真5-5　和歌山県湯浅町の庁舎（移転課題は今後の地域振興にも大いに影響を与える）

写真 5-6　旧市街地域に残る「重要伝統物群保存地区」では伝統地場産業である醤油醸造の発祥地でもあり、町並み保存とまちづくりが共存する

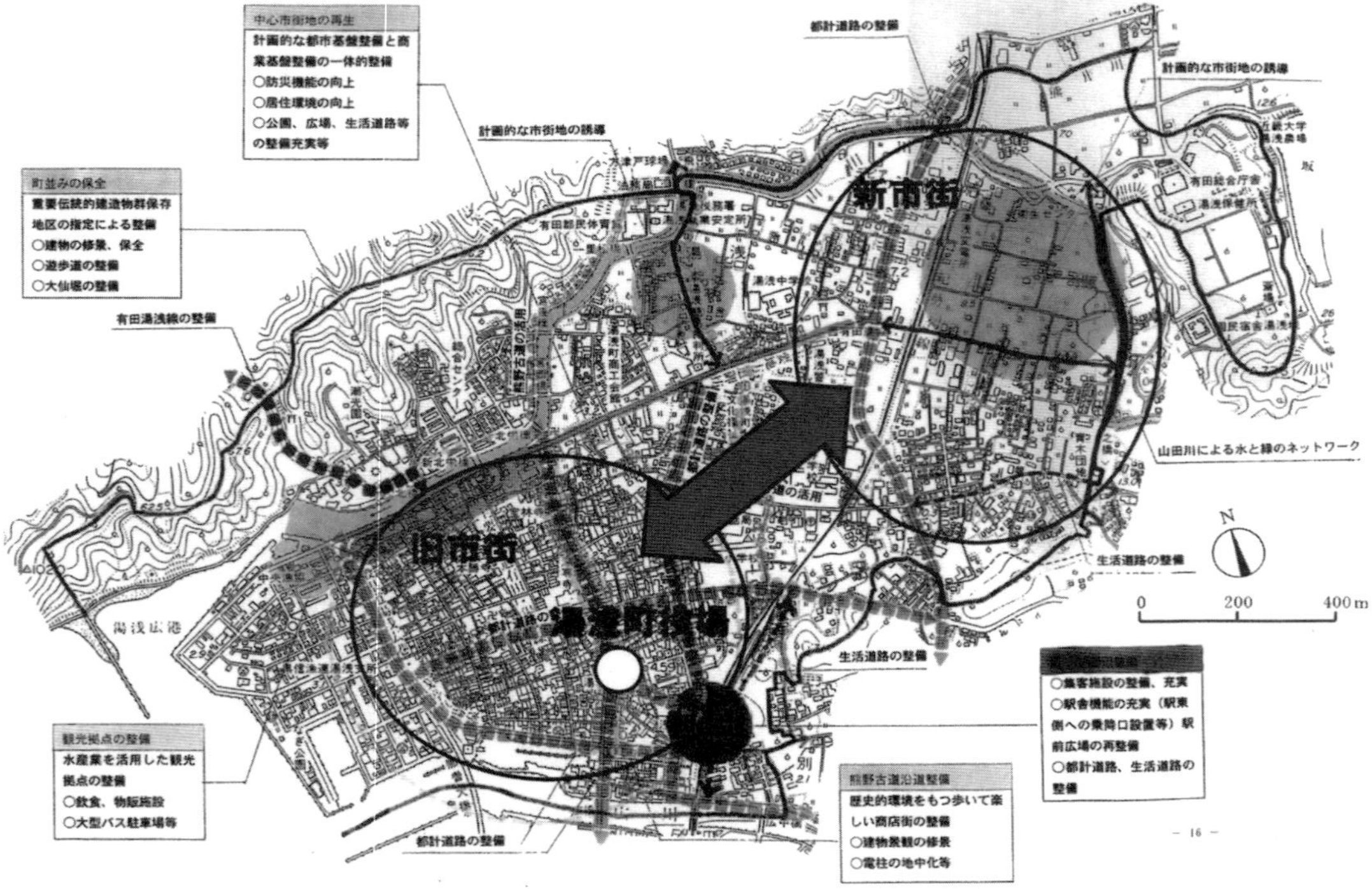

図5-14　役場移転に伴う地域計画の見直し（湯浅町、湯浅町都市計画マスタープラン、平成13年、に筆者加筆）

移転した津波から安全な地域は、災害後の集団移転地となる可能性もあり、庁舎が立地する高台の地域をどのように整備するのか、といったことについても同時に考える必要がある。東日本大震災の被害をふまえ、現在もなお多くの地域で検討されている庁舎移転を、まち全体のまちづくりビジョンと関連づけて考えることは、事前の災害対応への機能整備、結果として津波災害後のまちの復興ビジョンを考える上でも重要なこととなる。

[3]「事前復興計画」のすすめ

災害後のまちの復興をあらかじめ考えるという「事前復興」の取り組みを先進的に進めてきたのは、首都直下地震のリスクを抱える東京都である。東京都では阪神・淡路大震災の教訓をふまえ、一九九七年に震災復興まちづくりのマニュアルである「東京都都市復興マニュアル」、一九九八年に生活再建支援業務のマニュアルとなる「東京都生活復興マニュアル」の作成を行い、さらに震災後の都市ビジョンを示す「震災復興グランドデザイン」を二〇〇一年に作成している。震災復興まちづくりについては、災害発生時の行政が実施すべき業務について習熟・検証するための行政職員による模擬訓練が二〇〇二年に、さらに地域住民との協働による震災復興まちづくりの模擬訓練が、二〇〇三年からは実施され二〇〇六年までに計二一地区で訓練が実施されている。都市復興に関する模擬訓練は、災害前の都市づくり、仮設市街地の建設、復興都市計画といった都市をどう再建するのか、ということに主眼を置いた訓練であったが、二〇一一年からは「生活再建マニュアル」の内容に関わる「り災証明発行訓練」も実施されるようになった。

しかし、事前復興について熱心に取り組んでいるのは東京都のみであり、愛知県、名古屋市、大阪府では災害復興のマニュアルの整備は行われてはいるが、東京都のような復興模擬訓練まで実施している自治体はほとんど存在しない。なぜ、東京都だけが事前復興計画に取り組むのか、ということが長年の謎であったが、南海トラフの新たな被害想定が発表された後の、和歌山等の自治体の対応をみると理解できる。事前復興の取り組みが進まない理由は、具体的な被災イメージを持つことができない、そういった被害が発生することが納得できない、ということなどによるためと考える。

いくら被害想定を実施しても、具体的にどの地域で大きな被害を受けるのか（場所）、また具体的にどういった被害を受けるのか（被害像）、ということがイメージできない限り、実際の対策行動には結びつかない。しかし、東京都では、関東大震災、太平洋戦争の戦災による都市火災の経験を多くの人がもっており、被害想定結果から都市基盤整備が進んでいない特定の地域（場所）で、関東大震災・戦災と同様の被害（被害像）が発生するということがイメージ可能であった。西日本の自治体で行政庁舎移転等の動きが活発化してきた背景には、東日本大震災の経験から、南海トラフ地震時の津波被害について、東日本大震災と同様の被害（被害像）が、浸水危険区域（場所）で被害が発生するということを理解・納得することが可能になったことにあると考える。

首都直下地震、南海トラフの巨大地震の被害をゼロにすることは困難であり、いかに災害から立ち直るのか、について考えることが今後の防災対策を考える上で最も重要な課題である。日本の防災対策は、被害を出さないことを主眼とした被害抑止対策を中心に進めてきた経緯があり、復興を事前の被害抑止対策と上手く関連づけて考えていくことが重要であり、巨大災害に見舞われてもその機能を継続する必要がある東京・名古屋・大阪圏において、サンフランスコの事前復興の取り組みは示唆に富む。しかし、サンフランシスコの事前復興が目指す復興像は、現在の水準を維持するというものであり、人口減少をふまえ地域の姿を大きく変化させる必要があるエリアにおいては適用することができない。人口減少地域における取り組みとして有用であると考えられるのは、庁舎移転に伴うまちづくり計画の策定である。震災復興には一〇～二〇年という長い時間が必要になり、二〇三〇年代に地震が発生すると想定するならば、二〇五〇年の地域の姿を見据え、地域特性に合わせた事前復興の取り組みが求められる。

【第五章補注】

i 宇佐美龍夫、新編日本被害地震総覧、東京大学出版会、p.434、1996

ii 永松伸吾・林　春男（2010）「首都直下地震災害からの経済復興シナリオ作成の試み」『ESRI Discussion Paper』、No.250

iii 牧　紀男、災害対策基本法の総合性、計画性と巨大災害への対処―二一世紀前半の巨大時代を踏まえた災害対策のあり方―、地域安全学会論文集、No.12、No.12、pp.71-80, 2010 iv 政府委員、高見裕一委員の質問に対する答弁、第134回国会衆議院災害対策特別委員会、一九九五年一〇月二四日、災害対策基本法改正案に対する質問，国会議事録検索システム

v 中央防災会議首都直下地震避難対策等専門調査会、首都直下地震避難対策等専門調査会報告、内閣府、平成二〇年一〇月

vi FLORIDA DEPARTMENT OF COMMUNITY AFFAIRS ; FLORIDA DIVISION OF EMERGENCY MANAGEMENT. POST-DISASTER REDEVELOPMENT PLANNING A Guide for Florida Communities, 2010

vii 湯浅町、湯浅町役場庁舎に関する町民アンケート結果報告書、湯浅町、二〇一二

●おわりに

「はじめに」で「おわりに」じみたことを書いてしまったので、ここでは筆者と東日本大震災との関わりについて書いてみようと思う。東日本大震災の現場に入ったのは比較的早い。岩手県災害対策本部に詰めていた秋富慎司先生（岩手医科大学）から、復興のこともあり災害対策本部に来てアドバイスして欲しい旨の要請を受け、災害発生から八日後の三月一九日に、岩手県庁の災害対策本部に入った。本部に行ってみると、さまざまな情報が入っていたが、分かりやすい形式で整理されておらず災害対応の大局観がつかめない状態であった。そのため、災害対応・復旧復興に関する情報フォーマットを作成し、情報とりまとめ支援を実施した。この情報フォーマットは、市町村ごとに、災害対応、復旧・復興に関わる業務の進捗状況を「赤」（問題有り、未着手）「黄」（やや問題あり、実行中）、「緑」（問題なし、完了）、「黒」（情報なし）のマトリックスとして取りまとめたものであり、どの市町村の対応が、どの業務が遅れているのか、次にどういった業務を行う必要があるのか、といったことを一覧することができる。作成した情報フォーマットは知事への説明資料とされた。続いて、五月の連休には福島県災害対策本部で、同様の業務支援を行った。また、岩手県の復興モニタリングでは、本書に書かれた仕組みが利用されている。

しかし、復興の主役となる市町村、さらに被災コミュニティとは、現在、継続しての関わりはもてていない。地元大学、被災地から離れている大学の役割分担、といったことを考えていた折、勤務する京都大学防災研究所が立地する宇治市（二〇一二年八月）で豪雨災害が発生した。発生直後から宇治市の災害対策本部に入り、今度は、地元の大学として一ヵ月程度現場に張り付いてさまざまな支援活動を行った。現場を担う大学の役割の大変さを実感すると同時に、外部の大学の役割についても認識した。未だ十分に整理ができているとは言えないが、役割分担という調査・研究行動はきわめて重要なことと思っている。

おわりにあたり、これまで防災については全くの素人であった私に、防災の「いろは」についてご教示をいただいた林　春男先生（京都大学防災研究所教授）、河田惠昭先生（京都大学名誉教授、関西大学教授）に感謝申し上げたい。防災という研究を行うようになり知り合った先生方からも多くを教えていただいた。神戸の復興の最前線で活躍された小林郁夫先生・天川芳美さんには、本当にいろいろなことをご教示いただき、それ以外にもいろいろとお世話になった。すべての方々のお名前をあげて書き揃えないが、阪神・淡路大震災からの復興の最前線で活躍された皆さんには、本当に沢山のことを学ばせていただいた。ここに記して感謝の意を表したい。本書をまとめる上では、編集担当の橋口聖一氏には大変お世話になった。前著『災害の住宅誌―人々の移動とすまい』から、さらに続編として本書を位置づけていただいた、出版プロデュースの小田切史夫氏に感謝したい。最後に、「災害だ」と言いつつ、海外から国内を飛び回っている私を、常日頃から支援してくれている妻千賀子、娘萌子に感謝したい。

二〇一三年五月二〇日

牧　紀男

著者略歴

牧 紀男 *Maki Norio*

一九六八年 京都市生まれ

京都大学工学部建築工学科卒、京都大学大学院工学研究科

建築学第二専攻修士課程修了、日本学術振興会特別研究員

京都大学大学院工学研究科環境地球工学博士課程単位取得退学

京都大学大学院工学研究科環境地球工学専攻 助手

京都大学工学研究科博士(工学)

理化学研究所地震防災フロンティア研究センター、防災科学技術

研究所地震防災フロンティア研究センター勤務

この間、京都大学大学院工学研究科非常勤講師

カリフォルニア大学バークレー校客員研究員、防災科学技術研究所

地震防災フロンティア研究センター(チームプリーダー)を経て、

現在 京都大学防災研究所巨大災害研究センター准教授

和歌山大学防災教育研究センター客員教授

文部科学省地震調査研究推進本部専門委員

高知県危機管理アドバイザー、京都府危機管理アドバイザー

著書 『災害の住宅誌—人々の移動とすまい』鹿島出版会(2011)

共著 『組織の危機管理入門—リスクにどう立ち向えばいいのか』

(京大人気講義シリーズ)丸善(2008)

『はじめて学ぶ都市計画』市ヶ谷出版(2008)

邦訳 ロバート・クローネンバーグ著『動く家—ポータブル・

ビルディングの歴史』鹿島出版会(2000)

復興《ふっこう》の防災計画《ぼうさいけいかく》—巨大災害《きょだいさいがい》に向《む》けて

二〇一三年六月二〇日 第一刷発行

著　者 牧《まき》 紀男《のりお》

発行者 鹿島光一

発行所 鹿島出版会

〒104-0028 東京都中央区八重洲二—五—一四

電話〇三—六二〇二—五二〇〇

振替〇〇一六〇—二—一八〇八八三

出版プロデュース 安曇野公司

装幀・DTP 石原 亮

印刷・製本 壮光舎印刷

Recovery Planning and Disaster Reduction Planning

ISBN978-4-306-09428-4 C3052

本書の内容に関するご意見・ご感想は下記までお寄せください。

URL : http://www.kajima-publishing.co.jp

E-mail : info@kajima-publishing.co.jp